Alfred Hitchcock

Alfred Hitchcock

Die drei ??? und ihr Rätsel-Handbuch

Zusammengestellt von
Barbara McCall
nach Ideen von Robert Arthur

Franckh'sche Verlagshandlung
Stuttgart

Aus dem Amerikanischen übertragen, überarbeitet und ergänzt von Leonore Puschert
Titel der Originalausgabe: »The Three Investigators' Book of Mystery Puzzles« (Random House, Inc., New York / 1982, ISBN 0-394-85107-2)

This translation published by arrangement with Random House, Inc.
Die Geschichten »Das Rätsel der sieben verdrehten Uhren« und »Das Rätsel der vier Winde« wurden entnommen aus »Alfred Hitchcock's Krimi Box«, erschienen 1981, Franckh'sche Verlagshandlung, W. Keller & Co., Stuttgart
Titel der Originalgeschichten: »The Mystery of the seven Wrong Clocks« und »The Mystery of the Four Quarters« aus »Hitchcock's Solve-Them-Yourself Mysteries«

Änderungen der Illustrationen für die deutsche Ausgabe von Aiga Rasch

Schutzumschlag von Aiga Rasch

CIP-Kurztitelaufnahme der Deutschen Bibliothek

MacCall, Barbara:
Die drei ??? [Fragezeichen] und ihr Rätsel-Handbuch / zsgest. von Barbara McCall nach Ideen von Robert Arthur. Alfred Hitchcock. [Aus d. Amerikan. übertr. u. überarb. von Leonore Puschert]. – Stuttgart : Franckh, 1984.
Einheitssacht.: The three investigators' book of mystery puzzles ⟨dt.⟩
ISBN 3-440-05292-3
NE: Hitchcock, Alfred [Angebl. Verf.]

Franckh'sche Verlagshandlung, W. Keller & Co., Stuttgart / 1984

ISBN 3-440-05292-3 / L 9sl H ha
Printed in Czechoslovakia / Imprimé en Tchécoslovaquie
Satz: G. Müller, Heilbronn
Gesamtherstellung durch Artia, Prag

Die drei ???
und ihr
Rätsel-Handbuch

Kein Problem für die drei ???

Hallo, Freunde! Wir haben etwas gegen Langeweile. Ihr auch? Dann verstehen wir uns. Freilich gibt es magere Zeiten für uns Detektive: Weit und breit kein Fall in Sicht, niemand braucht unsere Hilfe (außer Tante Mathilda*). Aber Langeweile ist für uns kein Problem, denn wir haben nicht nur etwas dagegen – wir unternehmen auch etwas dagegen.

Wir trainieren nämlich! Wir trainieren Beobachtungs- und Kombinationsgabe, Findigkeit und logisches Zuordnen, auf der Hut sein vor tückischen Denkfallen und einfallsreiches Angehen (notfalls Umgehen) von Schwierigkeiten. Also: Wir trainieren unser Gehirn, wir kniffeln und knobeln. Macht ihr mit? Ihr findet hier jede Menge Rätsel mit Zahlen, Buchstaben, Wörtern, Codes, Symbolen und Bildern aus der Welt der drei ???. Ihr könnt es uns auch ruhig nachmachen und selbst knifflige Knobeleien für eure Freunde ersinnen. Wie man das anstellt, dazu findet ihr ab und zu einen Hinweis bei den Lösungen hinten im Buch.

Außerdem gibt es zweimal eine richtig große Aufgabe, an der ihr euer Talent zum Rätsellösen wirklich erproben und hoffentlich beweisen könnt – zwei sehr spannende Erzählungen, die von unserem großen Freund Alfred Hitchcock stammen und speziell für Junior-Detektive zum Mitraten geschrieben wurden. Viel Spaß und viel Erfolg beim Suchen nach der richtigen Lösung!

Justus, Bob und Peter

* Kennt jemand etwa Tante Mathilda noch nicht? Abhilfe: Die Hitchcock-Bücher über die drei ??? lesen! Mehr als 30 Bände sind zu haben.
Im übrigen: Wenn Tante Mathilda uns wirklich braucht, sind wir zur Stelle – klarer Fall! Nicht daß ihr euch nun dauernd auf uns beruft und ganz dringende Kniffel- und Knobelarbeiten vorschützt, wenn die über euch gebietenden Respektspersonen ernsthaft nach einem ausdauernden Geschirrberg-Spüler, blitzschnellen Eilboten zum Postamt oder nervenstarken Babysitter verlangen ...

Der Schrottplatz wird zum Labyrinth

Auf verschlungenen, manchmal auch in Sackgassen endenden Pfaden führt der Weg durch das Schrott- und Trödellager von Onkel Titus und Tante Mathilda. Das Ziel für eingeweihte Besucher der drei ??? ist meist die »Zentrale«, der ausgediente, bestens versteckte Campinganhänger, in dem sich Detektivbüro, Labor und Dunkelkammer befinden. Findest du dich auch zurecht, wenn du zur Zentrale willst?

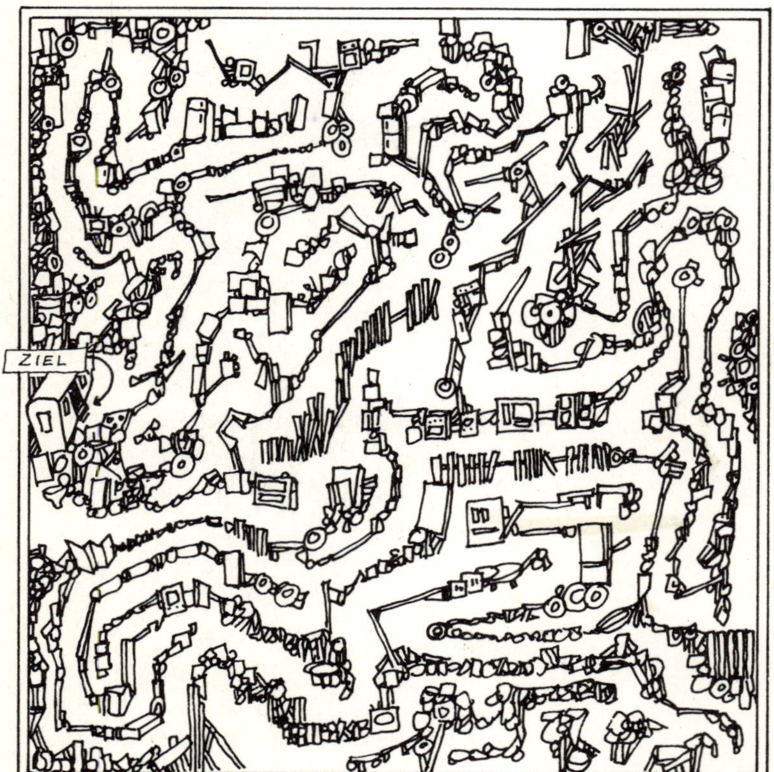

Das »photographische« Gedächtnis

Eine Spezialität des Ersten Detektivs! Auch du kannst es trainieren. Onkel Titus war mit dem großen Lastwagen auf Einkaufstour und brachte eine Ladung Trödel mit, darunter auch das hier dargestellte Kunterbunt (genauer gesagt: 10 Gegenstände). Präge dir das Bild 20 Sekunden lang ein. Hast du nun einen zuverlässigen Überblick, genau wie Onkel Titus und Justus? Blättere um und zähle auf, was dir im Gedächtnis blieb.

Was konntest du dir einprägen?

Zähle jetzt all die Dinge auf, die du dir merken konntest. Bitte nicht schummeln! Nicht nochmals zurückblättern!

1. ______________________________

2. ______________________________

3. ______________________________

4. ______________________________

5. ______________________________

6. ______________________________

7. ______________________________

8. ______________________________

9. ______________________________

10. ______________________________

So, nun kannst du vergleichen. Die Punktwertung? 9–10: hervorragend; 7–8: beachtlich; 5–6: noch befriedigend; weniger als 5: schulungsbedürftig!

Rätselhaftes Kunstwerk

Ein Sammler hatte sich an »moderner Kunst« sattgesehen, und so landete diese gut erhaltene Graphik beim Trödler. Onkel Titus, Tante Mathilda und Justus fragen sich, ob sich wohl nochmals ein kunstliebender Käufer dafür begeistern wird. Justus hat nebenbei noch etwas bemerkt: Auf dem Bild mit dem sparsamen Linienmuster befinden sich Dreiecke zu Dutzenden! Der Erste Detektiv entdeckt sie alle und kommt auf die Gesamtzahl... Na? Zählst du auch mal?

Wer hat gelogen?

Die drei ??? sind zur Grillparty bei Mr. Harold Simmons eingeladen. Mr. Simmons ist in ganz Südkalifornien als Sammler altägyptischer Kunst bekannt und bewohnt eine große Villa an der Pazifikküste. Kurz nach Sonnenuntergang fällt dem Gastgeber auf, daß sich fünf Gäste seit mehr als einer halben Stunde nicht mehr auf der Terrasse aufhalten, sondern im Haus sein müssen. Sonderbar! Er geht nach dem Rechten sehen – und muß feststellen, daß jemand sein Arbeitszimmer betreten und aus einer Vitrine einen wertvollen Armreif aus der Zeit des Pharaos Tutenchamun gestohlen hat.
Mr. Simmons möchte nicht gleich die Polizei einschalten und zieht statt dessen die drei ??? zu Rate. Justus befragt jeden der fünf Verdächtigen danach, wo er beziehungsweise sie sich in der vergangenen halben Stunde aufgehalten und was er beziehungsweise sie getan hat. Er erhält die folgenden Auskünfte:

Andy: Ich habe mir einen Fernsehfilm angesehen.

Britta: Ich setzte mich ins Wohnzimmer und sah mir den wundervollen Sonnenuntergang an.

Charlie: Ich war in der Küche und machte mir einen Kaffee.

Donna: Ich hörte im Musikzimmer Platten und schaute zu, wie die Sonne unterging.

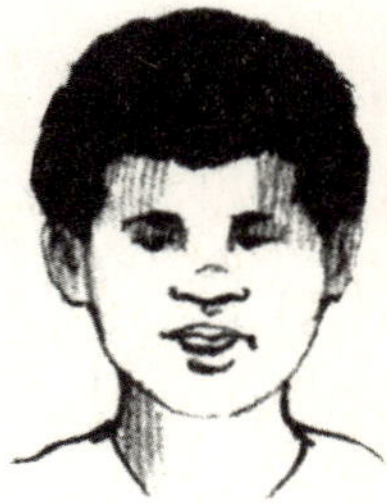

Edward: Ich war auch in der Küche.

Als Justus die Antworten vernommen hat, ist ihm sofort klar, daß eine der fünf Personen nicht die Wahrheit sagte. Kommst du darauf, wer das war? Der Grundriß des Hauses gibt dir Anhaltspunkte für die Lösung der Aufgabe.

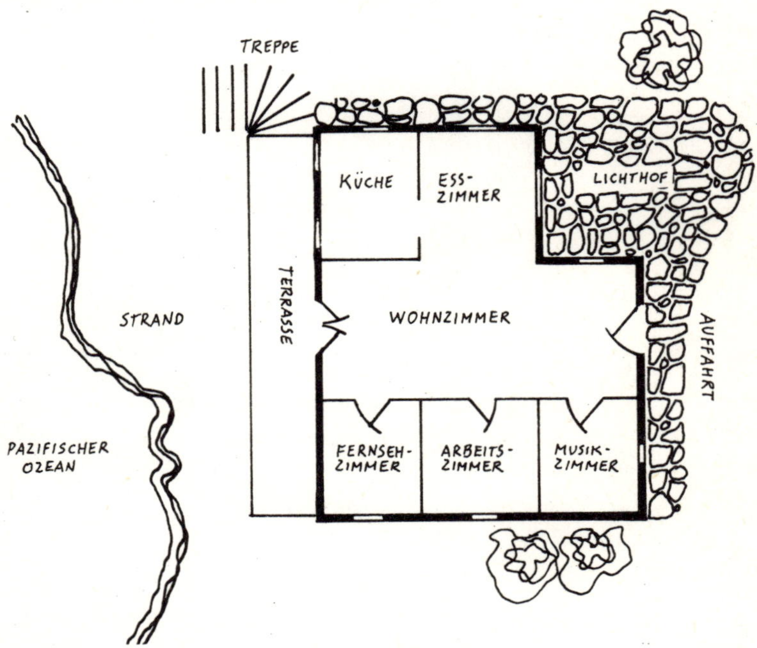

Der magische Kreis

Justus, Bob und Peter sehen sich manchmal zu Ermittlungen an seltsamen Orten veranlaßt, die einem schon vom Namen her nicht geheuer sind... Doch mutig verfolgen sie ihr Ziel und ergründen die Geheimnisse jener unheimlichen Schauplätze. Ebenso methodisch, zielstrebig und unbeirrt mußt du hier dreimal im Kreise herumgehen, um diesem magischen Buchstaben-Kreis sein Geheimnis, nämlich drei solch gespenstischer Ortsbezeichnungen zu entlocken. Zähle nach dem Zeichen ??? drei Buchstaben ab: eins, zwei, drei – halt! Hier bei »drei« beginne zu buchstabieren. Nicht ablenken lassen und immer ringsherum stur weiterzählen: »eins, zwei, *drei* – eins, zwei, *drei*...

Bei richtiger Lösung bekommst du eine dreifach phantastische Kulisse zusammen, wovon dir die Zeichnung im Kreis eine Idee vermittelt. Trage deine Ermittlungen hier ein:

___ ___ ___ ___ ___ ___ ___ ___ ___ ___

___ ___ ___ ___ ___ ___ ___ ___ ___ ___ ___

___ ___ ___ ___ ___ ___ ___ ___ ___ ___ ___ ___

Bob als Augenzeuge

Bob steht in Rocky Beach am Bankschalter – und genau in diesem Augenblick heißt es: »Das ist ein Überfall!« Der Bankräuber, der auf solche Weise dreist Kasse macht, hat sich mit einem übers Gesicht gezogenen Strumpf maskiert, aber Bob kann der Polizei einige deutliche Hinweise zur Beschreibung des Täters geben. Nach Bobs Angaben zeichnet ein Polizist die untenstehenden Skizzen. Könntest du den Bankräuber aufgrund dieser gezeichneten Hinweise erkennen? Sieh dir die Bilder genau an und blättere dann um.

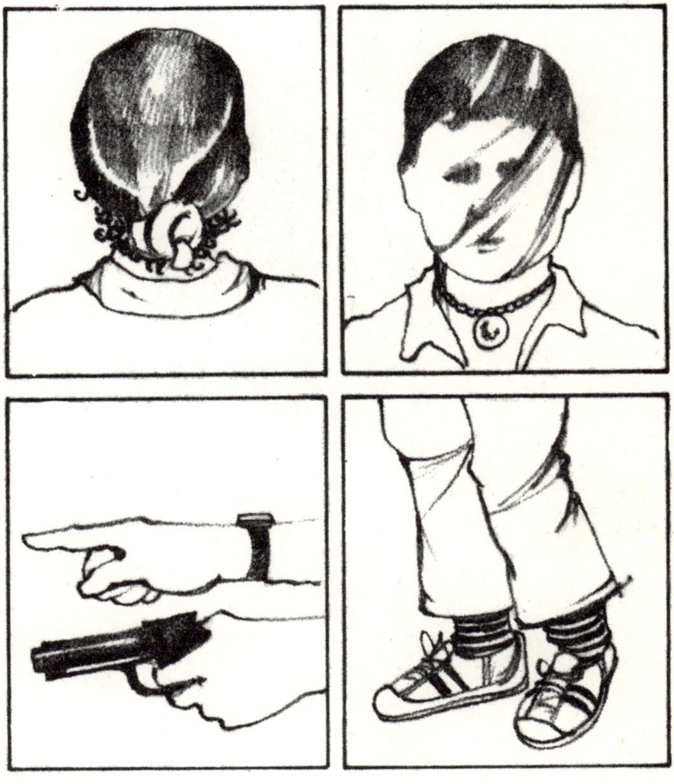

Wo ist der Bankräuber?

Auf seiner Flucht kommt der Täter allerdings nicht weit. Plötzlich findet er sich inmitten einer dichtgedrängten Menschenmenge. Am Straßenrand haben sich Scharen von Zuschauern eingefunden, die sich einen Festzug anschauen wollen. Sieh dir die Leute, die da stehen, genau an. Kannst du den Mann herausfinden, der in die Bank eingebrochen war?

Der Dieb war nicht schlau genug

Eine Serie von Diebstählen im Einkaufszentrum von Rocky Beach beunruhigt die Geschäftsleute. Die drei ??? helfen der Polizei, nach den Tätern zu fahnden, die im vergangenen Monat in jeder Woche einen anderen Laden heimgesucht haben.
Justus beschattet gerade einen Mann, der auf verdächtige Weise bei den Läden herumlungert. Der Bursche will wohl mit einem Komplizen Kontakt aufnehmen? Plötzlich läßt er, nervös geworden, ein zusammengeknülltes Stück Papier fallen und taucht im Gedränge unter.
Justus hebt das Papier auf und entdeckt darauf ein Buchstabenrätsel. Ist das wirklich nur ein Rätsel? Nachdem Justus sich einige Minuten lang damit befaßt hat, geht er zur Polizei.
»Herr Kommissar«, berichtet Justus, »ich glaube, dieses Rätsel soll eine verschlüsselte Mitteilung an Mitglieder der Diebesbande sein. Es enthält nämlich einen Hinweis auf den geplanten nächsten Diebstahl und auf die Waren, die entwendet werden sollen.«
Mit Spürsinn und Kombinationsgabe fand Justus den Schlüssel zu seinem konkreten Verdacht. Dir kann das mit einer kleinen Hilfe auch gelingen. Im Rätsel verstecken sich die Namen der 20 Pflanzen, die unten aufgeführt sind. Sie können quer, aufwärts, abwärts

und schräg verlaufen. Umrahme jeden Namen, den du gefunden hast.

Wenn du alle 20 Bezeichnungen entdeckt und gekennzeichnet hast, ergeben die restlichen Buchstaben, fortlaufend von oben nach unten zeilenweise gelesen, den Hinweis auf den geplanten Raubzug.

K	T	S	B	P	O	R	T	K	H	A	U
S	A	R	I	I	C	H	A	L	R	D	S
V	N	S	I	P	R	I	M	E	L	E	E
R	N	T	T	L	T	K	R	E	S	S	E
E	E	U	N	A	N	E	E	I	O	I	S
A	S	L	C	T	N	H	R	R	N	L	A
K	W	P	E	A	E	I	N	G	N	E	R
E	E	E	I	N	L	E	E	F	E	U	W
L	I	L	I	E	K	A	S	D	N	L	S
E	D	E	R	C	E	B	N	A	H	M	L
I	E	L	E	Z	H	I	W	E	U	E	I
M	A	H	N	N	L	E	Z	E	T	L	T

Suche diese Pflanzen:

AKELEI	KASTANIE	PLATANE
BIRKE	KLEE	PRIMEL
EFEU	KRESSE	SONNENHUT
EICHE	LIANE	TANNE
HECKENROSE	LILIE	TULPE
IRIS	LINDE	ULME
	NELKE	WEIDE

Irrfahrt im Rolls-Royce

Wenn du mit den Abenteuern der drei ??? vertraut bist, erinnerst du dich sicherlich: Justus war der Hauptgewinn in einem Preisrätsel zugefallen, nämlich Freifahrten in einem Rolls-Royce mit Chauffeur Morton. Als die drei ??? einmal – es ist Freitag der Dreizehnte! – zum Schrottplatz fahren wollen, entwickelt sich das Unternehmen zur reinsten Irrfahrt mit Hindernissen. Findest du den Weg, auf dem Justus, Bob und Peter ans Ziel kommen?

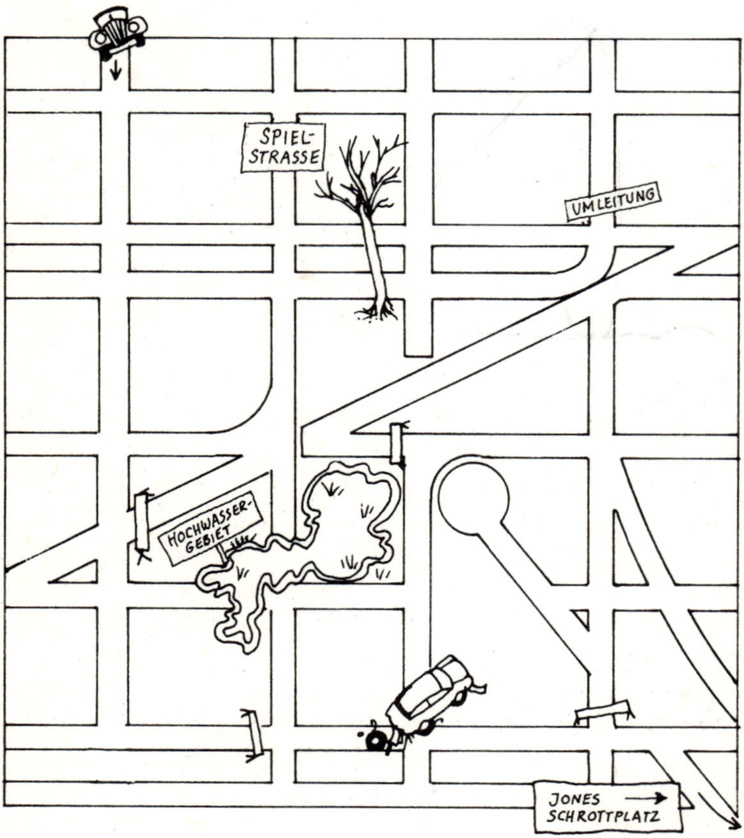

Nachricht für Peter

Was tut sich nur in den Bergen bei Rocky Beach? Offenbar spukt es dort. Unheimliche Lichter flackern nachts aus dem Gebiet bei den Felsenhöhlen herüber. Die drei ??? beschließen, die Gegend und etwaige Vorkommnisse sorgfältig zu beobachten. Peter sollte sich bei Sonnenuntergang mit Justus und Bob dort treffen, doch als er ankommt, ist von den beiden Freunden nichts zu sehen. Statt dessen findet Peter eine verschlüsselte Nachricht, die auf einen Dornenzweig gespießt ist.

Den Klartext ermittelst du, indem du alle Buchstaben ausstreichst, die hintereinander gelesen die Worte DIE DREI DETEKTIVE ergeben, und zwar zeilenweise von oben nach unten. Aus den verbleibenden Buchstaben ergibt sich der Text der Nachricht an Peter.

Nun hat Alfred Hitchcock das Wort – hier eine Geschichte, in der sich ein ziemlich kompliziertes Rätsel zum Begriff »Zeit« verbirgt. Schrittweise wird Alfred Hitchcock dich zu wichtigen Folgerungen hinlenken und auf Anhaltspunkte aufmerksam machen. Du bist also aufgefordert, Detektiv zu spielen und bei der Aufklärung zu helfen.

Das Rätsel der sieben verdrehten Uhren

Mr. Peter Perkins, der Rätselonkel von der Redaktion der Wochenendbeilage, blieb wie gelähmt stehen: Das Geheul, das ihm in den Ohren gellte, war so schaurig und kam so unerwartet, daß der leichtfüßige kleine Herr den Goldknauf seines Spazierstocks fester packte, bevor er sich umwandte. Im Dämmerlicht des späten Oktobertages sah er zu seinem Entsetzen ein bleiches Knochengerippe, das nach ihm griff, während eine Fledermaus an seinem Gesicht vorüberhuschte und ein Wolf sich zum Sprung duckte.

Weiß der Himmel – diese Situation klingt ein wenig unwahrscheinlich, wie? Im Vertrauen gesagt: Eine solche Szene ist beim Fernsehen als Holzhammer-Gag bekannt. Die Bezeichnung spricht, meine ich, für sich selbst. Um die Situation zu klären, werden wir uns nun die Beweglichkeit der Zeit, von der ich eben sprach, zunutze machen und die Uhrzeiger um genau eine Minute zurückdrehen.

Peter Perkins spazierte in Atlantic Beach die Strandpromenade entlang. Sein Mantel mit den Samtaufschlägen war bis obenhin zugeknöpft; auf den silbrigen Locken thronte eine Melone.
Es war dämmrig, und niemand außer ihm war unterwegs. Der Vergnügungspark, der sich an der Uferstraße des Städtchens breitmachte, lag still und verlassen, nur von den flüsternden Schemen der längst davongezogenen Karussell- und Budenbesitzer bevölkert. In Wahrheit waren diese flüsternden Schemen nur Blätter, doch der kleine Rätselredakteur hatte eine lebhafte Phantasie.
An Sommerabenden in der Dämmerung war Atlantic Beach ein Lichtermeer. Es hallte wider vom Gelächter der dichtgedrängten Menge, dem Donnergetöse der Achterbahn, dem Pang-Pang-Pang der Schießbuden. So hatte es Peter Perkins, der dicht beim Rummelplatz wohnte, am liebsten.
Heute abend aber lag über dem Platz eine merkwürdige Verlassenheit. Zu Peters Linken rollte die Brandung des Atlantiks tosend an den Strand. Vor ihm verlor sich der Gehsteig in der Düsternis wie ein hölzerner Pfad ins Nichts. Zu seiner Rechten ragte das Gerüst der Achterbahn wie das Skelett eines gewaltigen Dinosauriers gen Himmel, und das Riesenrad war ein kreisförmiges Ungetüm, das gleich losrollen und ihn zermalmen konnte.
Um sich von dieser sonderbaren Stimmung loszureißen, schritt der Rätselredakteur kräftiger aus. Er wollte zwanzig Minuten spazierengehen und dann zur Atlantic-Straße zurückkehren, einen Häuserblock vom Ufer entfernt, um seinen alten Freund Fritz Sandor zu besuchen, der eine Uhrmacherwerkstatt betrieb und ebenfalls ein begeisterter Rätselfreund war. An einem Abend in jeder Woche knobelten sie zusammen Rätsel aus.
Peter Perkins war erst wenige Schritte gegangen, als ein langgezogener, jammervoller Klagelaut an sein Ohr drang.
Er fuhr herum. Und da, im matten Zwielicht, sah er ein Gerippe, das nach ihm griff, eine vorüberhuschende Fledermaus und einen Wolf, der sich sprungbereit die Lefzen leckte.
Zwar waren die furchteinflößenden Geschöpfe nur auf die Bret-

terwand eines großen Gebäudes gemalt, aber diese Feststellung heiterte Peter Perkins nicht übermäßig auf. Er befand sich vor dem »Haus der Schrecken« mit dem Reklameslogan »Für vorzeitiges Ergrauen übernehmen wir keine Haftung«. Die ganze Gebäudefront war mit einer Auswahl nervenstrapazierender Darstellungen der unterhaltsamen Überraschungen bemalt, die einen im Innern erwarteten. Im Dämmerlicht, nur undeutlich zu erkennen, schienen sie so greifbar, daß sie Unbehagen verursachten.

Da ertönte das jämmerliche Klagen von neuem. Es kam zweifellos aus dem »Haus der Schrecken«. Irgendwie hatte sich ein Hündchen in den Bau verirrt und saß nun in der Falle.

Peter zögerte. Die Vernunft gebot, die Polizei zu rufen. Aber das nächste Telefon war einige Straßenecken entfernt, und die Polizei konnte sich verspäten. Der kleine Hund jaulte wieder, und das klang so elend und ängstlich, daß sich Peter Perkins entschied: Er wollte versuchen, den Hund selbst zu befreien. Er hatte Tiere zu gern, um ihn dort drin länger als unbedingt nötig allein zu lassen.

Die hölzerne Eingangspforte zum »Haus der Schrecken« war verschlossen. Aber die Tür war alt und das Holz verzogen. Er konnte zwischen Tür und Rahmen den Messingriegel sehen, womit der Eingang gesichert war. Peter Perkins, der sich mit vielen Merkwürdigkeiten auskannte, wußte, wie man mit einem solchen Schloß umging. Und unter diesen Umständen war er sicher, daß es ihm niemand übelnehmen würde. Er grub sein Taschenmesser mit der Spitze in das weichere Metall des Riegels, versetzte ihm einen Schlag schräg von der Seite her, und der Messingriegel löste sich aus der Lasche. Die Tür schwang auf. Ein kalter, feuchter Luftzug wehte Peter ins Gesicht. Aber der kleine Mann war nicht furchtsam. Er trat beherzt in die Finsternis, schloß die Tür hinter sich und tastete an der Wand nach einem Lichtschalter.

»Hierher, Kleiner!« rief er in beruhigendem Ton.

Wieder heulte der Hund; es klang jetzt weiter entfernt. Da fand Peter einen Schalter. Das Licht ging an, denn der Eigentümer hatte den Strom eingeschaltet gelassen, damit er im Winter seinen Besitz kontrollieren und sich vergewissern konnte, daß keine der

empfindlichen elektronischen Anlagen Schaden gelitten hatte, die im »Haus der Schrecken« notwendig waren.
Es leuchtete allerdings nicht, wie Peter erwartet hatte, das starke Deckenlicht auf, sondern ein blaßblauer Scheinwerfer. Er erhellte eine Nische in der Wand und darin ein Skelett, das seine Knochenfinger hob und auf den Eindringling deutete.
»Willkommen«, sagte das Skelett mit Geisterstimme. »Wenn Sie unbedingt leichtsinnig sein wollen, so folgen Sie den Fußspuren. Sollten daraus ernste Folgen entstehen, so übernimmt die Geschäftsleitung keinerlei Verantwortung.«
Peter wußte sehr wohl, daß das Skelett aus Kunststoff war, daß seine Stimme von einem Tonband kam und daß die Beleuchtung von einer automatischen Schalttafel gesteuert wurde. Trotzdem hätte er, mutterseelenallein in der Finsternis, gern den Klang einer menschlichen Stimme vernommen – und sei es die eigene.
»Kennst du den Walter?« fragte er das Skelett. Das war ein Wortwitz, den er am Samstag in der Zeitung bringen wollte. Das Skelett hätte zurückfragen sollen: »Welchen Walter?«, worauf Peter antworten würde: »Den Hausver-Walter.«
Statt dessen ließ das Gerippe ein gespenstisches Gelächter ertönen und verschwand. Eine lange Reihe Fußabdrücke erschien auf dem Boden und wies eine Spur in die Dunkelheit – jeder einzelne ein scharf umrissener Lichtfleck.
Der Gedanke, das dunkle Gebäude durchforschen zu müssen, wollte Peter Perkins nicht recht gefallen, aber der Hund jaulte wieder – ein langes, klägliches, herzzerreißendes Winseln, das ihn zum Handeln trieb.
»Schon gut, Kleiner«, rief Peter. »Ich komm' schon zu dir.«
Er schritt vorwärts, den leuchtenden Spuren nach, denn er wußte, daß sie ihn auf sicherem Pfad durch die Dunkelheit geleiten würden. Er ging durch eine Tür, ein wilder Aufschrei ertönte. Es blitzte und donnerte, und drei Hexen auf Besenstielen fuhren vor seiner Nase auf und davon.
Peter lächelte etwas mühsam und ging weiter. In einem anderen Raum umkreiste eine Schar Fledermäuse seinen Kopf. Er duckte

sich nicht, da er wußte, daß sie an Drähten gezogen wurden. Aber als im nächsten Raum gespenstische Gestalten ihre in weiße Leichentücher gehüllten Arme nach ihm ausstreckten, mußte er stehenbleiben und sich daran erinnern, daß dies nur musselinumwikkelter Draht war, mit Spezialfarbe gestrichen, die bei ultraviolettem Lichteinfall sichtbar wurde. Trotzdem schlug sein Herz rascher als sonst, und zu seiner eigenen Beruhigung stellte er den Geistern eine seiner Lieblings-Scherzfragen.

»Welches ist der kälteste Vogel?«

Statt einer Antwort gaben die Gespenster ein abscheuliches Stöhnen von sich. Also antwortete Peter selbst: »Der Zeisig, denn er ist hinten eisig.« Darauf kreischten die Gespenster schrill, schossen in die Höhe und verschwanden. Während er über den sonderbaren Einfluß nachsann, den Farbe und unsichtbares Licht auf das menschliche Nervensystem haben können, lief Peter rasch weiter und rief dabei: »Hierher, Kleiner! Hierher!«

Er durchquerte einen Raum, in dem Dutzende von Wachsfiguren berüchtigter Mörder in Verbrecherhaltung standen, dann ein anderes Zimmer, wo eine Gestalt, den Hals in der Schlinge, mit grauenhaftem Aufschrei durch eine Falltür stürzte.

Es gab noch mehr Räume voll ebenso ausgeklügelter Schrecken, aber jetzt hatte Peter seine Nerven wieder unter Kontrolle. Er rief immer wieder nach dem Hund, aber zu seiner Verwunderung kam das Jaulen überhaupt nicht näher. Zuletzt gelangte er zum Ausgang, der, wie er wußte, auf ein Gäßchen hinter dem Haus führte, und höchst verwirrt schloß er die Tür hinter sich.

Einen Augenblick lang stand er blinzelnd in der dunklen, menschenleeren Gasse. Gegenüber war die Hinterfront der an der Atlantic-Straße, der Hauptstraße des Ortes, gelegenen Läden und Wohnhäuser. Und wenige Schritte von ihm entfernt war ein kleiner Hund in einem Hinterhof angekettet. Als er Peter sah, heulte er wieder – ein Laut voll gottverlassener Einsamkeit.

»Du warst also der Spitzbube, was?« murmelte Peter. Wenn der Hund heulte, fing sich der Laut im Ansaugschacht des Lüftungssystem im »Haus der Schrecken«. Durch die weiten Lüftungsrohre zu seltsamen, auf- und abschwellenden Tönen verstärkt, hatte sich das Geheul durch das ganze Gebäude fortgepflanzt und war aus der Abblaseöffnung an der Strandpromenade wieder hervorgetreten, wo Peter es zuerst gehört hatte.

»Du hast mich schön erschreckt«, sagte Peter. »Leider kann ich dich nicht losbinden – du würdest ausreißen!«

Es war ein spannendes Abenteuer gewesen, und es hatte ihn fast zu seinem ursprünglichen Ziel geführt – zu Fritz Sandors Uhrenklinik. Fritz, ein kleiner, verschrumpelter Gnom schweizerischer Herkunft, war ein Zauberkünstler, wenn er eine Uhr, gleich welcher Art und welchen Alters, zu reparieren hatte. Er und Peter waren seit Jahren befreundet. Der Hintereingang zur Werkstatt lag nur wenige Schritte die Gasse hinunter. Peter ging darauf zu und öffnete die Tür.

Er klopfte nicht an, weil Fritz ziemlich schwerhörig war. Infolge eines Unfalls, den er als junger Mann beim Wehrdienst in der Schweiz gehabt hatte, war er obendrein stumm. Aber die Hintertür hatte ein Spezialschloß. Wenn man den Knauf dreimal nach rechts drehte, viermal nach links und wieder zweimal nach rechts, dann öffnete sie sich. Peter, der die Kombination kannte, trat in ein dunkles Zimmer und rief laut nach seinem Freund.

»Fritz! Fritz!«

Dicht vor ihm brüllte jemand: »Haben wir dich!« Riesige Hände packten ihn. Hilflos wie ein Kind wurde Peter Perkins in das Hinterzimmer der Uhrenklinik geschleppt. Der Raum war hell erleuchtet.

»Ich habe den Mörder«, sagte eine tiefe Stimme an seinem Ohr. »Er ist an den Ort des Verbrechens zurückgekehrt.«

Peter Perkins blinzelte; seine Augen gewöhnten sich an die Helligkeit.

Vor sich sah er den Kriminalkommissar Magru von der Ortspolizei. Zwei andere Männer waren in einiger Entfernung über etwas gebeugt, das am Fuß einer schönen alten Großvater-Standuhr lag, einer der vielen Uhren aller Größen und Spielarten, die Fritz Sandor sammelte.

Und dann sah Peter Perkins mit plötzlichem Entsetzen, womit sich die beiden Männer beschäftigten. Es war sein alter Freund, der verschrumpelte kleine Uhrmacher Fritz. Und er wußte – kein Zweifel war möglich –, daß Fritz tot war.
Sein Blick kehrte zu dem Bulldoggengesicht des Kommissars zurück, den er von früher her kannte. Magru musterte ihn mit unverhohlenem Mißfallen.
»Laß ihn frei, Snider«, sagte er. »Das ist Perkins, der Rätselschmied. Er geht mir auf die Nerven, aber ich halte ihn nicht für den Mörder.«
»Aber er kam einfach zur Hintertür herein«, protestierte der Polizist, der Peter ergriffen hatte. »Und Sie sagen immer, man soll auf den Täter achten, den es an die Stätte seines Verbrechens zurückzieht...«
»Schon gut«, sagte Kommissar Magru. »Gehen Sie und helfen Sie den anderen. – Perkins!« Er fixierte den kleinen Rätselredakteur mit stählernem Blick. »Was tun Sie hier – warum schleichen Sie sich durch die Hintertür ein?«
»Ich habe mich nicht eingeschlichen«, sagte Peter Perkins. »Ich wollte Fritz besuchen. Wir wollten zusammen Rätsel lösen.«
»Rätsel lösen?« Magrus schwere Augenbrauen zogen sich zusammen.
»Fritz war darin sehr begabt«, sagte Peter. »Er und ich gehören zum Klub der Knobelfreunde. Er war Cicero, ich bin Plutarch!«
»Cicero!« sagte Magru. »Plutarch! Perkins, Sie machen mich noch ganz irr mit Ihrem Unsinn.«
»Das sind die Klub-Namen«, erklärte Peter mit Würde.
»Na, das hier ist jedenfalls kein Rätselwettbewerb«, sagte Magru. »Das ist Mord. Und ich verbitte mir diesmal jegliche Einmischung von Ihnen. Habe ich mich klar ausgedrückt?«
Magru spielte darauf an, daß Peter Perkins ihm bei früheren Fällen schon etliche Hinweise gegeben hatte. Einige dieser Hinweise waren gut gewesen; das hatte Magru jedoch nur noch mehr aufgebracht.
»Wer hat ihn getötet?« fragte Peter. »Wer hat Fritz getötet?« Er

versuchte, das Zittern in seiner Stimme zu unterdrücken, aber es gelang ihm nicht.
»Das will ich ja hier herausbekommen«, sagte Magru. »Es geschah gestern nacht. Er war hier in diesem Raum und zog gerade seine Uhren auf, wie man sieht. Also war es Mitternacht – er zog jeden Tag seine Uhren genau um Mitternacht auf.«
Peter nickte. Das war richtig.
»Jemand schlüpfte mit Hilfe eines Nachschlüssels herein – jedenfalls war die Tür nicht aufgebrochen. Wegen seines schlechten Gehörs konnte Fritz den Eindringling nicht bemerken. Der schlich sich von hinten an Fritz heran und – nun, er schlug ihm den Schädel ein. Soviel wissen wir. Ein wenig wird es uns bei der Ermittlung des Kerls helfen.«
»Es muß jemand sein, der ihn kannte«, sagte Peter. »Und der wußte, daß Fritz kein Zutrauen zu Banken hatte und all sein Geld in einer Geheimschublade seines Schreibtisches aufbewahrte. Feinde hatte er nicht – es muß also jemand gewesen sein, dem es um das Geld ging.«
»So weit sind wir auch gekommen«, brummte Magru. »Da – der Schreibtisch ist aufgebrochen. Kurz und gut: Wir brauchen keine Hilfe von rätselbesessenen Amateuren. Sie können hier verschwinden und ... Nein.« Er überlegte es sich anders. »Sie setzen sich ins Büro. Es könnte sein, daß ich Ihnen noch ein paar Fragen zu stellen habe. Gehen Sie, setzen Sie sich. Und fassen Sie nichts an!«
Peter Perkins wollte viele Fragen stellen. Aber er kannte Magrus Launen. Wortlos ging er in den kleinen Büro- und Werkstattraum, der an das große Hinterzimmer grenzte. Es war ein Kämmerchen mit einem Sammelsurium von Wand- und Tischuhren, wovon die meisten auseinandergenommen waren, und von Armbanduhren, die auf der Werkbank zur weiteren Bearbeitung bereitlagen. Auch ein Schreibtisch stand da, und wie Magru erwähnt hatte, waren die Schubladen aufgebrochen. Ferner gab es einen Hocker, auf dem Fritz bei der Arbeit zu sitzen pflegte, und einen Sessel für gelegentliche Besucher. Der eigentliche Laden, in dem Fritz tagsüber

Uhren verkaufte, lag an der Vorderseite des Hauses und war über eine kleine Diele zu erreichen.
Peter Perkins legte seinen steifen Hut auf den Schreibtisch und setzte sich in den Sessel, den er so drehte, daß er sehen konnte, was in dem großen Hinterzimmer mit der herrlichen Sammlung schöner alter Uhren vor sich ging.
Peters erste Empfindung war fassungslose Trauer, die nächste Reaktion der feste Entschluß, daß der Schuldige für seine Untat büßen müsse. Seinem Auftreten zum Trotz war Magru ein gewissenhafter Detektiv. Er mochte nur keine Amateure. Aber wenn Peter einen brauchbaren Vorschlag machen könnte, würde Magru sicher auf ihn hören.
Diese Werkstatt war ein Ort, der sich für die Spurensuche geradezu anbot. Der Mörder hatte sich hier immerhin einige Zeit aufgehalten. Er mußte die Schubladen aufbrechen, um an das versteckte Geld zu gelangen. Peter hatte den alten Freund ein dutzendmal beschworen, es zur Bank zu tragen...
Peter saß ganz still und blickte sich im Raum um. Er musterte die Regale voll reparierter Uhren und das lange Brett mit den vielen Häkchen, woran alle möglichen Armbanduhren hingen. Er sah sich das Schreibpult an, das Fritz gleichzeitig als Werkbank gedient hatte. Die Werkzeuge lagen auf der Platte. Auch eine Uhr, an der der Schweizer gerade gearbeitet hatte (eine elektrische Uhr, wie Peter überrascht feststellte), stand noch da. Aber Fritz war sehr ordnungsliebend gewesen. Wenn er mit der Arbeit aufhörte, räumte er das Werkzeug immer auf. Es war für Peter augenscheinlich, daß Fritz bei der Arbeit unterbrochen worden war.
Sein Blick wanderte weiter. Dann holte ihn das Empfinden von etwas Ungewohntem zurück. Die Uhr – da stimmte doch etwas nicht mit dieser Uhr – da störte ihn etwas, und doch... Dann merkte er es. Die Uhr ging rückwärts!
Peter Perkins starrte sie an, sah den Sekundenzeiger in der falschen Richtung umlaufen und den Minutenzeiger langsam die Zeit zurückdrehen, und er spürte eine sonderbare Erregung. Es war einfach – nun, unnatürlich. Uhrzeiger gingen immer nur in eine

Richtung. Aber hier war eine Uhr, die umgekehrt ging, und das im Laden von Fritz Sandor, der sein Leben lang auf seine Kunst stolz gewesen war, Uhren richtig in Gang zu setzen und genau gehen zu lassen.
Es war so sonderbar, daß Peter Perkins dahinter eine Bewandtnis vermutete, irgendeine besondere Bedeutung. Nur – welche?

Diese letzte Frage ist ausgezeichnet. Im Vertrauen gesagt: Die umgekehrt gehende Uhr hat wirklich etwas zu bedeuten, sogar etwas Wichtiges. Vielleicht seid ihr schon dahintergekommen, was man von einer Uhr, die nicht auf morgen, sondern auf gestern zugeht, ablesen kann? Wenn nicht, vergeßt diese Aufgabe nicht, während wir fortfahren.

Peter Perkins beobachtete, wie der Minutenzeiger rückwärts kroch. Dann zog er einen Notizblock und einen Bleistift aus der Tasche. Er machte zwei kleine Skizzen und bezeichnete sie kurz. Nun stand er auf und ging zum Arbeitstisch. Er beugte sich vor und sah sich die Uhr genau an. Es war eine sehr alte elektrische Uhr – offenbar eine der ersten, die je hergestellt worden waren. Auf einem anhängenden Zettel stand »Mrs. Murphy«, und das erklärte einiges. Mrs. Murphy wohnte gegenüber und brachte Fritz oft eine warme Suppe oder eine andere selbstbereitete Mahlzeit. Für sie würde Fritz eine Elektro-Uhr instand setzen – doch für niemanden sonst. Er haßte solche Uhren. Seine Liebe gehörte den altmodischen Kunstwerken mit vielen Rädchen und Federn.

Genaue Zeit

Zeigerstand der rückwärts gehenden Uhr

Neben der Uhr lag ein Schraubenzieher, als hätte ihn Fritz gerade aus der Hand gelegt. Peter hatte das bestimmte Gefühl, daß Fritz beim Stellen der Uhr unterbrochen worden war. Wenn er nun gerade die genaue Zeit eingestellt hatte? Dann hatte er aufgeschaut – und sich vielleicht einem Eindringling mit einer Schußwaffe gegenübergesehen. Er hatte die Uhr in Gang gesetzt. Aber er ließ sie in der verkehrten Richtung laufen. Warum? Weil er so erschrokken war? Oder hatte er es in einer bestimmten Absicht getan? Fritz Sandor war ein Mann, der alles über Uhren wußte – was man damit anstellen konnte, was...

»Perkins!«

Der Rätselredakteur fuhr auf. Kommissar Magru brüllte ihn an. »Sie sollen doch nichts anrühren!«

»Ich habe nichts angerührt«, sagte Peter. »Aber sehen Sie mal – diese Uhr hier geht in die verkehrte Richtung.«

Magru blickte flüchtig hin. »Na und?« sagte er. »Sie ist eben kaputt, und Fritz sollte sie reparieren. Gehen Sie jetzt hinaus. Wir wollen hier drin die Fingerabdrücke untersuchen.«

Peter widersprach nicht. Er ging in den großen Nebenraum, der die unzähligen Uhren beherbergte, Fritz Sandors Stolz (er pflegte sie »meine Familie« zu nennen). Er entdeckte einen Stuhl, auf dem er nicht im Weg sein würde. Im Raum herrschte geschäftiges Treiben. Der Technikerstab war da. Ein Fotograf machte viele Aufnahmen von dem Raum und dem armen Fritz, der noch am Fuß der großen alten Standuhr lag, wie er niedergeschlagen worden war. Dann deckte man ein Tuch über den toten Uhrmacher und trug ihn behutsam hinaus. Die Fingerabdruck-Experten arbeiteten eifrig. Peter Perkins bezweifelte, daß sie etwas finden würden. Kommissar Magru erließ Anordnungen, und andere Detektive und Uniformierte kamen und gingen.

Peter Perkins hing noch seinen Gedanken nach, als eine der vielen Uhren silberhell zu schlagen anfing. Er wartete auf die anderen. Sie waren bei Fritz immer so exakt gerichtet, daß sie fast alle gleichzeitig schlugen.

Zu seiner Verwunderung folgte keine der anderen Uhren. Er sah

sich nach der Uhr um, die geschlagen hatte. Und dann hielt er vor Verwunderung den Atem an.
Eine ganze Anzahl von Fritz Sandors kostbaren Uhren ging falsch! Und damit nicht genug – jede einzelne ging für sich falsch!
Es war geradezu unfaßlich – so unfaßlich wie die Uhr, die rückwärts ging. Peter fühlte sich von plötzlicher Erregung gepackt. Diese Uhren, die eine falsche Zeit angaben – hatten sie noch etwas anderes zu sagen? Hatten sie durch ebendiese falsche Anzeige eine Nachricht zu übermitteln?
Mit steigendem Eifer untersuchte er die Uhren. Es gab in dem Zimmer alle Arten von Uhren, große und kleine, aber ihm gerade gegenüber stand eine Reihe hoher Standuhren. Die Uhr am Ende der Reihe war so gewaltig und so uralt, daß Fritz Sandor ihr den Spitznamen »Urvater Zeit« gegeben hatte. Am Fuß von »Urvater Zeit« hatte er gelegen, als Peter hereinkam.
Die ersten drei Uhren in der Reihe gaben die genaue Zeit an. Dann kamen die völlig verdrehten Uhren, und zuletzt zwei weitere Uhren, die richtig gingen.
Von neuem nahm Peter Notizblock und Bleistift zur Hand und zeichnete hastig. Die fertige Skizze sah so aus:

genaue Zeit verkehrte Zeit

verkehrte Zeit (Forts.) genaue Zeit

Er starrte auf die Zeichnung nieder und steckte sie bedächtig ein. Diese verkehrten Uhren hatten etwas zu bedeuten, aber er hätte um nichts in der Welt sagen können, was.

Er lehnte sich zurück und dachte scharf nach. Beim Zeichnen war ihm bewußt geworden, daß alle Uhren im Raum außer den zwölf Standuhren stehengeblieben waren. Dies bedeutete, daß Fritz Sandor in der vergangenen Nacht keine Zeit mehr gehabt hatte, sie aufzuziehen, und daß sie abgelaufen waren. Peter versuchte, sich vorzustellen, was geschehen war.
Fritz hatte den Laden um sechs Uhr abends geschlossen – wie jeden Tag. Dann hatte er sich in der Wohnung etwas zu essen gemacht und war wahrscheinlich um sieben Uhr in die Werkstatt gegangen, wo er gewöhnlich bis Mitternacht arbeitete, wenn er nicht Besuch von einem Freund wie Peter Perkins hatte. Genau um Mitternacht pflegte er die Uhren im großen Raum aufzuziehen.
Es sah also genauso aus, als habe er mit dem Aufziehen seiner Uhren begonnen, sei eben bei »Urvater Zeit« angelangt und dann von jemandem, der unbemerkt in den Laden eingedrungen war, niedergeschlagen worden. Und demnach sah es so aus, als sei er um Mitternacht getötet worden.
Peter Perkins glaubte das jedoch nicht.
Er war überzeugt davon, daß Fritz in der Werkstatt beschäftigt gewesen war, als der unbekannte Eindringling auftauchte und ihn erschreckte. Wahrscheinlich hatte der Einbrecher eine Waffe bei sich. Er hatte Fritz bedroht – und Fritz hatte die elektrische Uhr rückwärts in Gang gesetzt. Dann hatte der Unbekannte Fritz gezwungen, die zwölf Uhren aufzuziehen, damit es für die Polizei den Anschein erweckte, als sei der Mord um Mitternacht geschehen. Fritz, der den Mann erkannt hatte und sein Leben bedroht sah, hatte die Zeiger der falsch gehenden Uhren absichtlich verstellt, während er sie aufzog. Er tat es im verzweifelten Bemühen, eine Nachricht zu hinterlassen. Dann war er brutal niedergeschlagen worden, und sein Mörder hatte aus dem Schreibtisch das versteckte Geld erbeutet und war unbemerkt durch die Hintertür entkommen.
Und zweifellos hatte er sich für Mitternacht ein gutes Alibi verschafft! Doch wenn das so war – wie sollten sie jemals herausbekommen, um welche Zeit Fritz wirklich ermordet worden war?

Entschuldigung – ich wollte gerade einen Vorschlag machen. Wenn Peters Theorie richtig ist (und ich muß zugeben, daß sie mir recht gut gefällt), dann begann die rückwärts gehende Uhr ganz kurz vor Vollendung der bösen Tat zu laufen. Aber wie kann man von einer umgekehrt gehenden Uhr die richtige Zeit ablesen? Und wie kann man darüber hinaus erkennen, wie spät es war, als die Uhrzeiger ihre Richtung änderten?

Nach langem Überlegen war es für Peter ganz klar, wie der Mörder falsche Spuren hinterlassen hatte, um sie alle zu täuschen. Wenn er nun Kommissar Magru überzeugen könnte…

Aber Daniel Magru hatte kein Interesse daran, die Theorie eines Amateurs anzuhören. Einige Zeit später, als die Unruhe sich gelegt hatte, kam er herein und ließ sich neben Peter Perkins auf einen Stuhl fallen.

»Wir werden den Mörder finden«, sagte er grimmig. »Und den Hergang der Tat stelle ich mir so vor –«

»Herr Kommissar –« fing Peter an.

»Unterbrechen Sie mich nicht, Perkins«, brüllte Magru. »Ist Ihnen eigentlich klar, daß Sie der Hauptverdächtige sind?«

»Ich?« Der Rätselredakteur war entsetzt.

»Ja, Sie. Aber ich kann Sie mir nicht bei einer Mordtat vorstellen, also forsche ich anderswo nach. Der Mörder hat auf alle Fälle Fritz gekannt – ebenso seine Gewohnheiten und das Versteck des Geldes. Es war jemand, der sich oft genug hier aufgehalten hatte, um vom Schlüssel der Ladentür einen Abdruck zu machen und sich einen Nachschlüssel besorgen zu können. Ich spreche es höchst ungern aus, aber – das deutet auf jemanden hin, der hier in der Umgebung wohnt und arbeitet.«

»Richtig.« Peter nickte zustimmend.

»Fritz wurde also gestern ermordet – um Mitternacht, was wir daraus ersehen, daß er gerade seine Uhren aufzog…«

»Bitte«, fing Peter nochmals an, »– dazu möchte ich –«

»Ich sagte: Unterbrechen Sie mich nicht!« bellte Magru. »Er wurde gestern um Mitternacht umgebracht. Mrs. Murphy war aufgefallen, daß er heute den Laden nicht öffnete. Abends brachte sie eine Suppe herüber, weil sie glaubte, er sei krank, und als er sich auf ihr Klingeln nicht meldete, rief sie uns an. So entdeckten wir den Mord. Meine Leute waren fleißig. Ich habe hier eine Namensliste von fünf Männern aus den umliegenden Häusern, die Fritz gut kannten – und sie alle haben Geldsorgen. Ich bin ziemlich sicher, daß einer von ihnen der Täter ist. Da ist die Liste.«
Er zeigte Peter Perkins eine mit Bleistift geschriebene Liste von fünf Namen, die sich Peter gut einprägte. Sie lauteten:

Jack Harrison, Maler
Thomas Fentriss, Juwelier
Bill Laden, Lebensmittelhändler
Joseph Finchly, Friseur
Bob Rogers, Schlosser

»Ich tippe entweder auf Rogers, der im vorigen Monat ein neues Türschloß montiert und sich vielleicht einen Zweitschlüssel angefertigt hat, oder auf Laden, den Kaufmann, der mehrmals in der Woche Lebensmittel brachte«, erklärte Magru. »Aber auch die anderen gingen hier ein und aus und konnten sich ebenso leicht einen Nachschlüssel machen lassen. Harrison hat vor drei Monaten die Wände neu gestrichen. Finchly kam immer zum Haarschneiden her, und Fritz hat ihm vielleicht etwas mitgeteilt. Fentriss brachte Fritz Reparaturen, die für ihn zu schwierig waren. Von den fünfen kann es jeder gewesen sein.«
»Er hielt sie alle für seine Freunde«, sagte Peter bekümmert.
»Wenn es um Geld geht, ist's mit der Freundschaft vorbei«, sagte Magru. »Und Geld brauchen sie alle, aus diesem oder jenem Grund. Ich werde sie selbst verhören, und wer kein Alibi für gestern um Mitternacht hat – der ist unser Mann!«
»Aber Magru«, Peter versuchte es nochmals. »Merken Sie nicht, daß der Mörder –«
»Perkins, knobeln Sie an Ihren Rätseln weiter und überlassen Sie

einen Mordfall den Fachleuten«, riet Magru. »Gehen Sie jetzt nach Hause.«
Peter Perkins nahm Stock und Hut und ging voll Sorge. Wenn Magru doch hören wollte! Aber Peter versuchte nicht noch einmal, dem Kommissar seine Vermutung klarzumachen: daß der Mörder es darauf angelegt hatte, die Polizei glauben zu machen, daß die Tat um Mitternacht begangen worden war. In Wahrheit war der Mord aber früher geschehen. Magru würde nur verächtlich schnauben, wenn Perkins von einer Uhr anfing, die in verkehrter Richtung ging, und von anderen Uhren, die eine falsche Zeit anzeigten. Könnte Perkins ihm nur erklären, was es bedeutete... Aber er konnte es nicht. Noch nicht.
Er ging nach Hause in seine kleine Wohnung und verbrachte vor dem Schlafengehen noch eine Stunde damit, über seinen Zeichnungen der verschiedenen Uhren zu grübeln. Aber keine Erleuchtung überkam ihn.
Er schlief schlecht, denn sein Gehirn war noch mit dem Rätsel beschäftigt. Peter Perkins war gewiß ein hervorragender Knobler, aber diese Sache hier... Nun, diesmal ging es darum, einen Mord aufzuklären, und das war eben etwas anderes.

Hm – ich wüßte gern, ob ihr auf den letzten Seiten einen wichtigen Hinweis entdeckt habt oder ob er euch entgangen ist. Nichts bemerkt? Ihr werdet eure Sherlock-Holmes-Mütze wieder ablegen müssen. Aber nehmt es nicht zu tragisch. Auch Peter Perkins tappt noch im dunkeln.

Am anderen Tag war Perkins in seinem kleinen Büro auf der Redaktion ungewöhnlich zerstreut. Er öffnete Leserbriefe mit Rätseln und Scherzfragen, ohne sie richtig zu lesen. Gegen Mittag rief er Kommissar Magru an.
»Entschuldigen Sie, Herr Kommissar«, sagte er, »aber ich wollte wissen, ob Sie durch das Verhör der fünf Männer, die Sie des Mordes an Fritz verdächtigen, irgendwie weitergekommen sind.«

»Nein.« Magrus Stimme klang verdrossen. »Sie haben alle ein perfektes Alibi für Mitternacht. Schon ab zehn Uhr abends. Ich konnte keinem von ihnen etwas nachweisen.«
»Aber eigentlich«, fing Peter an, »glaube ich –«
»Perkins, ich habe zu tun.« Magru hängte ein.
Peter legte schweren Herzens den Hörer auf. Wenn er nur mit jemandem reden könnte – mit einem anderen Rätselenthusiasten, der die Sache aus einem neuen Blickwinkel zu sehen vermochte. Er selbst war innerlich zu sehr beteiligt, zu grüblerisch damit beschäftigt. Geistesabwesend öffnete er einen Brief und las.
Der Brief enthielt ein Kryptogramm, eine chiffrierte Denksportaufgabe – recht gut gemacht. Und darunter stand: »Absender: Daniel Magru jun.«
Das waren zwei Fliegen auf einen Schlag. – Daniel Magru junior! Das mußte Kommissar Magrus Sohn sein – und auch ein begeisterter Rätselschmied! Peter notierte sich die Anschrift, griff nach Hut und Stock und eilte aus dem Büro. Ein Taxi brachte ihn in zehn Minuten ans Ziel. Ein großer, kräftiger Junge harkte im Vorgarten Laub. Peter hastete die Einfahrt hinauf.
»Daniel Magru?« fragte er.
»Oh – Tag, Mr. Perkins«, sagte der Junge. »Nach Ihrem Bild in der Zeitung habe ich Sie erkannt. Bekamen Sie mein Rätsel?«
»Ja, und ich werde es veröffentlichen«, sagte Peter. »Aber hergekommen bin ich wegen etwas viel Wichtigerem.«
In Eile berichtete er Danny Magru alles über Fritz Sandor und die verdrehten Uhren.
»Also«, schloß er, »ich glaube bestimmt, daß er eine Nachricht hinterlassen wollte, als er die Zeigerstellung an diesen Uhren änderte.« Der Junge nickte. »Nun schau her, hier habe ich eine Zeichnung davon gemacht.« Er zeigte Danny eine Skizze der auffallend verstellten Uhren.

Verdrehte Uhren

»Es muß irgendein Code sein«, meinte Peter. »Fritz war darin sehr bewandert. Wahrscheinlich erwartete er von mir, daß ich diesen hier entziffern könne. Er wußte, ich würde begreifen, daß er uns eine Nachricht zu hinterlassen versuchte. Aber ich weiß mir keinen Rat, wie ich einen Code an so wenigen Zeichen erkennen soll. Vielleicht siehst du noch etwas, was mir entgangen ist.«
Der Junge runzelte die Stirn.
»Ich möchte wetten, daß es ein Code ist«, sagte er. Geistesabwesend setzte er sich auf die Vortreppe. Peter ließ sich neben ihm nieder. Beide betrachteten kritisch die Zeichnung mit den rätselhaft verdrehten Uhren. Schließlich blickte Danny Magru auf.
»Wissen Sie«, sagte er, »diese Uhrzeiger erinnern mich an Nachrichtenübermittlung durch einen Flaggentelegraphen –«
»Ja!« Peter Perkins packte ihn beim Arm. »Der Semaphor-Code! Fritz war in seiner Militärzeit als junger Mann bei einer Funkereinheit – er kannte natürlich den Semaphor-Code. Aber ich kenne ihn nicht. Ich habe mich bisher nur mit Geheimschriften befaßt.«
»Ach, lassen Sie, Mr. Perkins, wahrscheinlich irre ich mich«, sagte Danny Magru. »Ich bin Pfadfinder und kenne das Flaggenalphabet, aber die Zeigerstellungen hier bedeuten gar nichts. Ein paar zusammenhanglose Buchstaben, und manche sind gar keine Buchstaben.«
»Aber das ist es ja eben!« Peter Perkins hatte vor Aufregung glänzende Augen bekommen. »Die Uhren zeigen nicht die Zeit an, die Fritz eingestellt hatte – sie sind doch alle weitergelaufen, seit das geschehen ist. Um die Botschaft entziffern zu können, müßten wir wissen, wann die Zeiger verstellt wurden, und herausfinden, wie sie ursprünglich gestanden hatten.«
»Au weh – das dürfte wohl unmöglich sein«, sagte der Junge seufzend. »Mr. Sandor hatte eine gute Idee, aber er stellte sich nicht vor, wie knifflig seine Nachricht für uns ist.«
»Aber sicher, Danny, sicher!« Peter Perkins schrie es beinahe heraus. »Deshalb ließ er die andere Uhr rückwärts laufen. Was kann man von einer Uhr, die steht, ablesen?«
»Einfache Sache. Die genaue Zeit – zweimal am Tag.«

»Und was kann man von einer Uhr ablesen, die stetig in die verkehrte Richtung läuft – die ganz genau geht, aber immer weiter in die Vergangenheit zurückläuft?«
»Das weiß ich nicht.« Danny Magru starrte Peter an. »Was für Uhren können denn rückwärts gehen?«
»Die ganz alten Elektrouhren, diese ersten Modelle. Die hatten so simple Motoren, daß man sie vor- oder rückwärts laufen lassen konnte«, sagte Peter. »Jetzt sieh mal her.«
Er zeigte dem Jungen die Skizze, die er am Abend zuvor von der elektrischen Uhr gemacht hatte.
»Also war es genau sechs Uhr vierzig«, überlegte Danny. »Aber die verkehrt gehende Uhr zeigte zehn nach zwölf.«
»Und wenn diese Uhr von der richtigen Zeigerstellung aus rückwärts zu laufen begann, wie ich vermute – dann wächst der Unterschied zwischen ihrer Zeitangabe und der genauen Zeit mit jeder verstreichenden Minute um zwei Minuten«, stellte Peter fest.
»Mhm – ja.« Der Junge rechnete es im Kopf nach. »Aber die Zeiger bewegen sich auf einen Treffpunkt zu – das ist die genaue Zeit, und die bekommen wir zweimal am Tag, weil die Entfernung mit jeder Minute um zwei Minuten geringer wird.«
»Wenn wir also die Zeiger der verkehrt gehenden Uhr immer weiter zurückstellen und die der richtig gehenden Uhr immer weiter vorrücken, dann ist der Punkt, an dem beide die gleiche Zeit anzeigen, der Zeitpunkt, zu dem diese eine Uhr verkehrt in Gang gesetzt wurde. Oder mit anderen Worten der ungefähre Zeitpunkt des Mordes an Fritz!« rief Peter aus. »Oh, da ist noch etwas.«
»Stimmt was nicht, Mr. Perkins?« fragte Danny.
»Wir haben einen Fehler gemacht«, stöhnte Peter Perkins. »Da eine Uhr vorwärts und die andere rückwärts geht, haben die Zeiger alle sechs Stunden die gleiche Stellung – also viermal in vierundzwanzig Stunden. Zwei dieser Zeitangaben entsprechen dem Augenblick, als beide Uhren losliefen, und die zwei anderen sind sechs Stunden von dieser Zeit entfernt.«
»Du liebe Zeit«, seufzte Danny. »Wie bekommen wir jemals heraus, was die eine und was die andere Zeit ist?«

Peter Perkins dachte mit gefurchter Stirn eine ganze Minute lang konzentriert nach. Dann glättete sich sein Gesicht allmählich. »Ich glaube, ich habe es«, sagte er. »Die Verdächtigen haben alle ab zehn Uhr abends ihr Alibi, und wir wissen sicher, daß das Verbrechen nach sechs Uhr abends begangen wurde. Das bedeutet, daß die Tatzeit in Wirklichkeit zwischen sechs und zehn Uhr liegt. Stimmt's?«

»Ja, Mr. Perkins.« Danny nickte. »Das stimmt haargenau.«

»Dann stellen wir uns den nächsten Zeitpunkt vor, zu dem die Zeiger wieder die gleiche Stellung haben – das heißt hätten, wenn beide Uhren noch gingen. Falls er zwischen sechs und zehn Uhr liegt, sagt uns dies, daß es der gesuchte Zeitpunkt ist. Falls er zwischen zehn und vier Uhr liegt, nehmen wir das übernächste Zusammentreffen, das genau sechs Stunden später stattfindet.«

»Genauso ist es.« Danny überlegte kurz und nickte dann. »Man muß ein wenig nachdenken, aber ich verstehe es jetzt. Es wäre einfacher herauszufinden, wenn wir zwei Uhren hätten und die Zeiger wirklich verstellen könnten. Nehmen wir doch Ihre und meine Armbanduhr und stellen wir darauf die beiden Zeiten aus Ihrer Skizze ein, und dann drehen wir die eine Uhr vor, die andere zurück, bis –«

»Nein, nein – wir könnten das zwar tun«, sagte Peter, »aber wir bekommen es im Kopf sogar noch schneller heraus. Die rückwärts gehende Uhr läuft ab zwölf Uhr zehn zurück. Die richtig gehende Uhr hingegen läuft ab sechs Uhr vierzig vorwärts. Die Differenz beträgt in diesem Augenblick – warte mal – fünf Stunden und dreißig Minuten. Dreihundertunddreißig Minuten. Da sich beide zeitlich aufeinander zubewegen, treffen sie sich – das heißt, zeigen sie die gleiche Zeit – nach genau der Hälfte dieser Anzahl von Minuten. Die Hälfte von dreihundertdreißig ist hundertfünfundsechzig; das macht zwei Stunden und fünfundvierzig Minuten zu sechs Uhr vierzig hinzu, und wir erhalten – Augenblick – neun Uhr fünfundzwanzig. Oder ziehen wir zwei Stunden und fünfundvierzig Minuten von zwölf Uhr zehn ab, und wir bekommen ebenfalls – habe ich richtig gerechnet? – ja, das ergibt wiederum neun Uhr fünfundzwanzig. Mit anderen Worten: Die beiden Uhren werden um neun Uhr fünfundzwanzig die gleiche Zeigerstellung haben, und dieser Zeitpunkt liegt in der in Frage kommenden Spanne zwischen sechs und zehn Uhr. Und somit –«

»Somit setzte Mr. Sandor die elektrische Uhr um neun Uhr fünfundzwanzig verkehrt in Gang!« rief der Junge.

»Genau«, bestätigte Peter. »Zu diesem Zeitpunkt sahen die beiden Uhren so aus.«

Er machte noch eine Skizze.

Auftauchen des Verbrechers

Start der Uhr im verkehrten Zeigersinn

»Wir wissen nun, zu welcher Zeit Fritz die Zeiger an den sieben anderen Uhren verrückt hat«, sagte Perkins. »Gib noch etwa fünf Minuten zu – dann wäre es ungefähr halb zehn Uhr gewesen, als er sie aufzog und an den Zeigern drehte, um eine Nachricht zu hinterlassen.«

»Und es war sechs Uhr fünfundvierzig, als Sie sie gesehen und aufgezeichnet haben«, sagte Danny Magru eifrig. »Die Differenz zwischen neun Uhr dreißig und sechs Uhr fünfundvierzig beträgt zwei Stunden und fünfundvierzig Minuten. Wenn wir diese zwei Stunden und fünfundvierzig Minuten zu der festgehaltenen Zeitangabe jeder dieser Uhren hinzuzählen, erhalten wir die Zeigerstellung, die Mr. Sandor hinterließ, ehe er getötet wurde.«

»Das werden wir in einer Sekunde haben, mein Junge!«

Es dauerte einige Sekunden. Aber dann hatte Peter eine weitere Zeichnung fertig:

Die von Mr. Sandor gewählten Zeigerstellungen

Dann kritzelte er mit ein paar hastigen Strichen unter jede Uhr ein Männchen mit Signalflaggen in der Stellung der Uhrzeiger.
»Hier – bedeutet das etwas?«
»Aber sicher, Mr. Perkins!« sagte Danny. »Im Flaggenalphabet bedeutet das –«

Und er malte mit dem Bleistift unter jede Figur einen Buchstaben. Peter starrte darauf nieder und schluckte mühsam.
»Danny«, sagte er, »das ist der Name eines der Verdächtigen auf der Liste deines Vaters. Du hast das Geheimnis gelüftet. Aber jetzt müssen wir beide deinem Vater beibringen, daß wir recht haben – und ihn dazu bewegen, den Mörder nach einer sehr ungewöhnlichen Methode zu überführen. Du siehst doch ein, daß kein Gericht auf die Beweiskraft der gelungenen Nachrichtenübertragung unseres armen Fritz auch nur das geringste geben würde?«

Bitte fühlt euch nicht übergangen. Wir haben den Namen des Mörders nur deshalb nicht genannt, damit ihr noch das Vergnügen habt, ihn selbst zu entdecken. Ich glaube bestimmt, daß ihr die Sache mit den Uhren jetzt begriffen habt. Ich selbst hatte sie nach nur viermaligem Erklären genau verstanden. Aber ihr meint, ihr kennt das Flaggenalphabet nicht? Das ist natürlich eine äußerst bedauerliche Bildungslücke. Dennoch braucht ihr euch nicht hinter Unwissenheit zu verschanzen. Es gibt da noch einen Hinweis, den Peter Perkins ebenfalls übersehen hat, den man aber ohne besondere Kenntnisse entdecken und anwenden kann. Ihr könnt zurückblättern und danach suchen, wenn ihr diesen Knobeltest noch mit »genügend« bestehen wollt. Oder ihr könnt es euch leichtmachen und Seite 112 aufschlagen; dort folgt der Schluß unserer kleinen Denksportaufgabe.

Ein Pudel wird entführt

»Brauche euch dringend! Schnell zu mir!« Justus und Bob vernehmen Peters Stimme aus dem Walkie-talkie. »Ich habe beobachtet, wie eine alte Frau einen kleinen Silberpudel aufhob und forttrug. Der Hund winselte jämmerlich, aber sie steckte ihn unter ihren weiten Mantel. Das ist bestimmt eine Entführung! Ich bin bei den Ferienhäuschen an der Küste. Die Frau läuft immerzu im Zickzack zwischen den Häusern entlang und versucht, mich abzuhängen. Ich wiederhole: Schnell zu mir!«
Während sich Justus und Bob auf den Weg machen, schildert Peter, wie er der Hundefängerin auf den Fersen bleibt:

»Sie ist gerade im Muschelweg und geht zwischen zwei Häusern durch ... jetzt geht sie ein Haus weit nach Norden ... ein Haus weit nach Westen ... eins nach Norden ... zwei nach Osten ... zwei nach Norden ... drei nach Westen ... eins nach Süden ... eins Westen ... eins Süden ... eins Osten ... eins Süden ... halt! Das Haus ganz im Westen des Weges ist es.«

Im Gehen kritzelt der Erste Detektiv die Angaben in sein Notizbuch. Und schon kommen auch Justus und Bob im Muschelweg an. Nur stehen sie hier vor einem kleinen Problem: Peter hat nicht gesagt, bei welchem Haus die Verfolgung ihren Anfang nahm. Doch die Freunde knobeln es aus. Nimm dir die Zeichnung vor und sieh zu, ob du der Frau mit dem Pudel genau wie Peter auf der Fährte bleiben kannst.

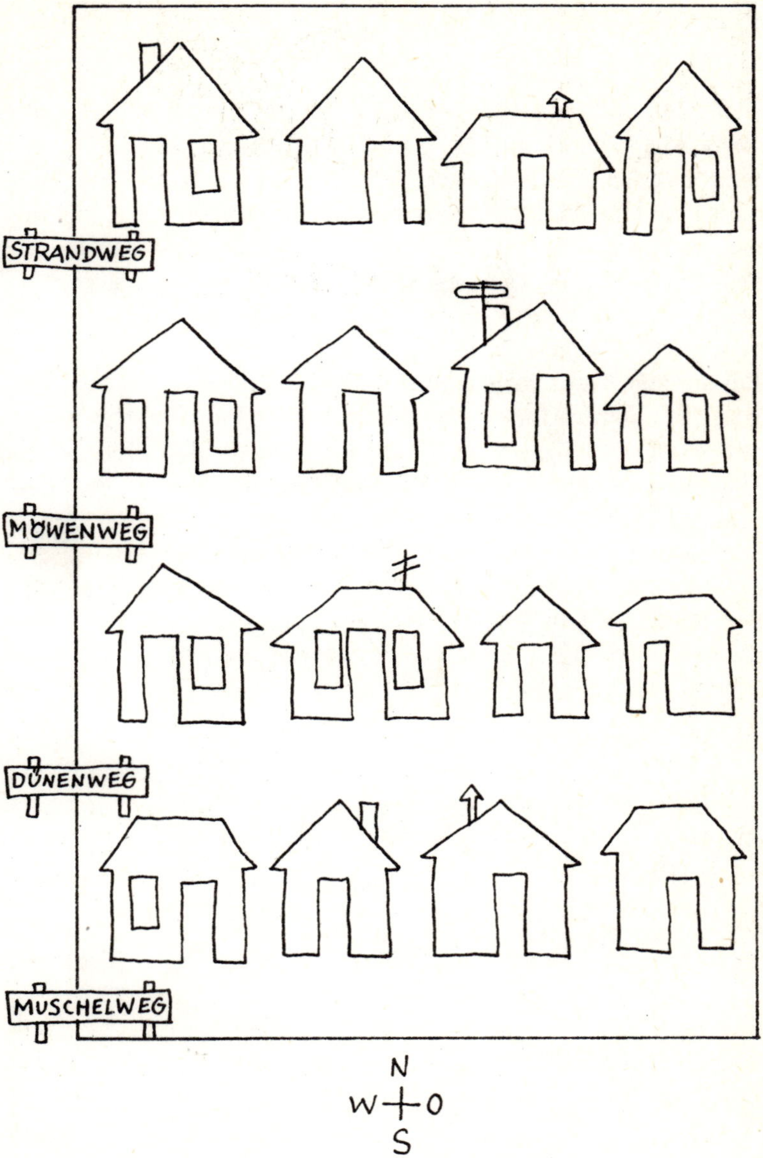
STRANDWEG
MÖWENWEG
DÜNENWEG
MUSCHELWEG
N
W
O
S

Rache ist süß

Tante Mathilda hat gebacken. Bob und Peter machen spöttische Bemerkungen am laufenden Band, während Justus nach dem vierten Stück Apfelkuchen greift. Als es verschwunden ist, hält Bob dem Ersten Detektiv mit aufreizendem Grinsen die Kuchenplatte nochmals hin, und Peter bietet ihm äußerst liebenswürdig die Schüssel mit Schlagsahne an. Doch Justus verzichtet heldenhaft. Statt weiterzufuttern, kaut er auf seiner Unterlippe herum: Aha, er sinnt auf Rache!

Bei der von Justus vorgeschlagenen Zusammenkunft in der Zentrale am anderen Morgen Punkt acht (von Bob und Peter murrend akzeptiert) finden die beiden keine Spur von Justus – außer einem Häufchen zerschnittenen Papiers auf dem Schreibtisch. Auf den Schnippeln stehen scheinbar zusammenhanglose Wörter. Wohl oder übel machen sich Bob und Peter daran, das Puzzle zusammenzustückeln. Sie brauchen dazu immerhin zehn Minuten. Schaffst du es wohl schneller? Also, wo ist Justus?

Die Wartezeit vertreiben

Für Morton, den Chauffeur des Rolls-Royce, gibt es manchmal Wartezeiten im Auto, wenn er mit den drei ??? unterwegs ist. Bisher hat Morton dann immer den blitzblanken Wagen poliert. Das findet Justus unnötig, und nun bringt er für Morton jedesmal eine Denksportaufgabe mit. Hier sind ein paar Kostproben.

1.

2.

3.

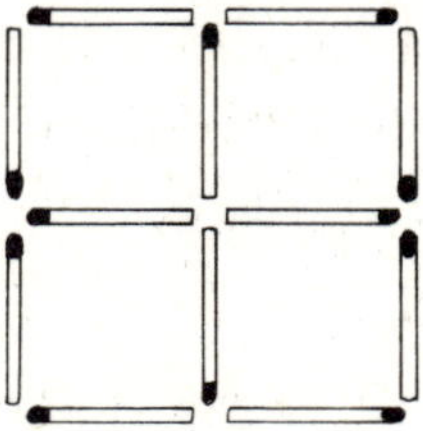

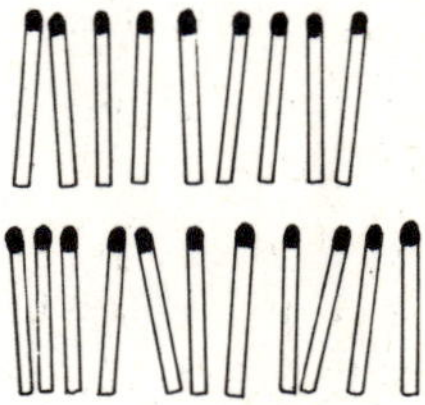

4.

1. Kannst du alle Buchstaben des Alphabets in dieser Zeichnung entdecken? Du darfst das Quadrat auch kippen und auf den Kopf stellen.
2. Nimm einen Stift zur Hand. Kannst du die 9 Punkte mit vier geraden Linien verbinden, ohne abzusetzen?
3. Ein kleines Streichholz-Legespiel: Hier sind vier Quadrate. Wie schaffst du es, eines wegzuzaubern? Du darfst vier Streichhölzer umlegen, aber kein Hölzchen entfernen, und es müssen drei Quadrate übrigbleiben.
4. a) Wie machst du aus diesen neun Hölzchen elf?
   b) Nun hast du wirklich elf Hölzchen. Aber die Aufgabe lautet jetzt: Mach acht daraus!

Schau ganz genau hin

Weiter geht's im Fitness-Training für Detektive! Justus hat sich für Bob und Peter wieder einmal eine Übung ausgedacht. Er fährt mit den Freunden in die Stadt, um dort ihre Fähigkeiten zu genauer Beobachtung zu testen. Bob und Peter bekommen genau zwei Minuten Zeit, um die Straßen, die hier aufgezeichnet sind, entlangzuspazieren. Dann befragt Justus die beiden über das, was sie gesehen haben.

Wie steht es mit deiner Beobachtungsgabe? Betrachte das Bild 30 Sekunden lang – oder länger, wenn du es für nötig hältst. Dann blättere um und beantworte die Fragen auf der nächsten Seite. Was hast du alles gesehen?

2:13
ROCKY BEAC
BANK
SPORT·SHOP
AUSVERKAUF

Was hast du alles gesehen?

Bist du bereit, Aufmerksamkeit und Scharfblick nun unter Beweis zu stellen? Nimm einen Stift zur Hand und mache dich ans Werk. Und bitte nicht zurückblättern, das wäre unfair!

1. Was steht auf dem Schild im Fenster der Gaststätte?
2. Wie viele Fahrräder sind im Fahrradständer abgestellt?
3. Hast du einen schwarzen Hund mit weißen Flecken oder einen weißen Hund mit schwarzen Flecken gesehen?
4. Bei welchem Laden steht der Hydrant?
5. Wieviel Uhr ist es?
6. In welchem Geschäft findet ein Ausverkauf statt?
7. Hast du einen Hubschrauber gesehen? Und wo war das?
8. Steht vor dem Spielwarengeschäft ein Blumenkasten?
9. Fährt das Auto aus der Einfahrt zur Gaststätte heraus oder fährt es hinein?
10. Ist es windig, oder haben wir ruhiges Wetter?
11. Ist es warm oder kühl?

Die lieben Verwandten

Onkel Titus bekommt Post: Einen Brief seines Vaters Jonathan, in der Verwandtschaft als Spaßvogel bekannt, mit einem Familienfoto. Doch statt die würdige Gesellschaft hintereinanderweg beim Namen zu nennen, erlaubt sich Jonathan wieder einmal einen Scherz und vermerkt ziemlich rätselhaft in seinem Brief:

Mary sitzt hinter Roger,
Polly sitzt neben Peter,
Mary hat die gleiche Frisur wie Linda.
Und Henry ist natürlich immer dabei!

Onkel Titus ist zunächst etwas ratlos, doch dann geht er die Sache systematisch an und knobelt alles aus. Versuche es auch!

Der geraubte Drache

Die drei ??? wollen sich eine Ausstellung chinesischer Kunstwerke ansehen. Sie sind aber eine halbe Stunde zu früh vor dem Museum, und Bob vertreibt sich und den Freunden die Wartezeit mit einem Spiel. Bob macht flink acht gezeichnete »Momentaufnahmen« von einem Museums-Einbruch, der einer Drachenstatue gilt, mischt dann die Bilder und legt sie Justus und Peter zum Sortieren vor. Kannst du auch die Bilder in die richtige Reihenfolge bringen?

A

B

C

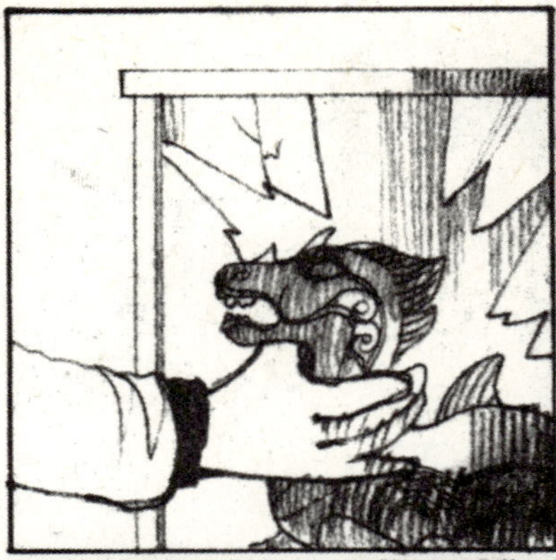

D

E

F

G

H

Eine Botschaft verschlüsseln

Justus hat Bob und Peter eine ganz besondere Geheimschrift beigebracht, die auf einem vereinbarten Schlüsselwort beruht. Wenn die Jungen einander codierte Mitteilungen senden und ganz sicher sein wollen, daß diesen Code so leicht niemand knackt, so benutzen sie dieses Geheimalphabet. Und so gingen die drei ??? dabei vor:

- Als Schlüsselwort für diesen Code wählten sie HOLZAUGE.
- Dieses Schlüsselwort bildet den ersten Teil des Geheimalphabets. Die restlichen Buchstaben des normalen Alphabets werden nun in ihrer gewohnten Reihenfolge an das Schlüsselwort angefügt. Das codierte Alphabet lautet nun so: HOLZAUGEBCDFIJKMNPQRSTVWXY.
- Dann wird dieses Geheimalphabet so unter das normale Alphabet geschrieben:
  Klartext:
  A B C D E F G H I J K L M N O P Q R S T U V W X Y Z
  Code:
  H O L Z A U G E B C D F I J K M N P Q R S T V W X Y

- Damit kannst du nun jede gewünschte Mitteilung verschlüsseln. Ersetze die Buchstaben deines Textes durch die Buchstaben des Code-Alphabets. Ein A in deiner Mitteilung wird also zu H, ein B zu O usw.
- Hast du den Text verschlüsselt, so teile ihn in neue Gruppen zu je vier Buchstaben ein. Dadurch wird es für Leute, die's nichts angeht, noch schwieriger, deinen Code zu knacken.

Hier ein Beispiel einer geheimen Mitteilung mit Hilfe des beschriebenen Codes:

WIR BESCHATTEN AB SOFORT JIMMY
VBP OAQLEHRRAJ HO QKUKPR CBIIX

Wenn die Buchstaben nun noch in Vierergruppen aufgeteilt werden, sieht das Ganze so aus:

VBPO AQLE HRRA JHOQ KUKP RCBI IX

Nun übe selbst: Wende den Code »Holzauge« an, um diese Geheimbotschaft zu verschlüsseln:

MORGEN ABEND SIEBEN UHR

Nun entziffere diese verschlüsselte Antwort:

DHJJ FABZ APJB LERD KIIAJ

Noch ein Tip zum Basteln eines eigenen Codes: Als Schlüsselwort eignet sich jedes längere Wort, in dem die einzelnen Buchstaben möglichst nicht doppelt oder mehrfach vorkommen. Willst du aber ein solches Wort dennoch verwenden (vielleicht gefällt dir beispielsweise FRAGEZEICHEN), dann streiche einfach die mehrfach vorkommenden Buchstaben – hier also das zweite und dritte E – aus und stelle FRAGEZICHN voran. Das Code-Alphabet heißt dann:

FRAGEZICHNBDJKLMOPQSTUVWXY

Der Zehn-Fragen-Test

Die drei ??? haben sich drei Tests ausgedacht, die dir zur Schulung deiner Beobachtungs- und Kombinationsgabe dienen sollen. Mit jeweils zehn Aussagen wird ein ganz alltäglicher Gegenstand beschrieben. Nimm dir diese Aussagen eine nach der anderen vor und versuche, das gesuchte Ding nach möglichst wenigen Hinweisen richtig zu benennen. Wenn du schon nach fünf oder weniger Hinweisen am Ziel bist, kannst du dich bei den drei ??? um einen Job bewerben!

A. 1. Es ist oft grün, kann aber jede beliebige Farbe haben oder ganz bunt sein.
2. Manche knabbern daran, obwohl es nicht zum Essen ist.
3. Es ist ziemlich dünn.
4. Die meisten sind innen schwarz, aber das Innere kann auch eine andere Farbe haben.
5. Es wird mit der Zeit immer kleiner.
6. Es paßt zwischen deine Finger.
7. In der Schule kommt es zu Hunderten vor.
8. Wenn es mal herunterfällt, hast du hinterher oft viel Ärger damit.
9. Du kannst dich mit seiner Hilfe verständigen, ohne den Mund aufzumachen.
10. Du wirfst es weg, obwohl es noch nicht ganz aufgebraucht ist.

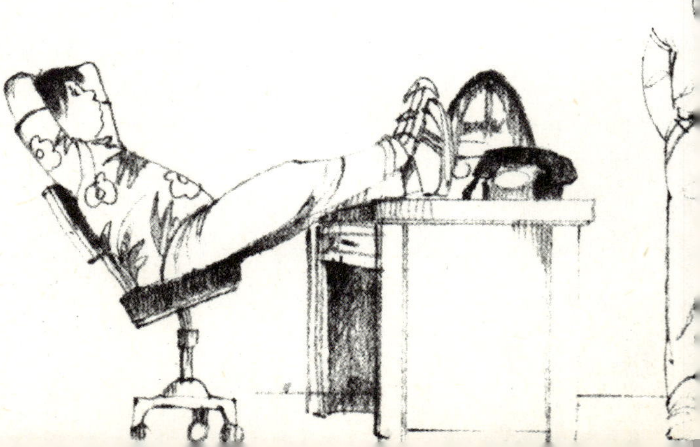

B. 1. Du kannst es in die Hand nehmen.
2. Manche sind so lang wie dein Arm, andere nur so kurz wie dein Finger.
3. Manchmal mußt du es auf- und wieder zuschrauben.
4. Bei Sonnenschein nützt es dir nichts.
5. Manchmal gibt es gerade dann den Geist auf, wenn du es ganz dringend brauchst.
6. Du mußt es richtig hinhalten, wenn du klar sehen willst.
7. Wenn es leer ist, funktioniert es nicht.
8. Es ist meistens röhrenförmig.
9. Du kannst damit Zeichen geben.
10. Es dient zur Aufhellung dunkler Angelegenheiten.

C. 1. Es gibt große und kleine, aber nur innerhalb eines bestimmten Bereichs.
2. An seinem Ende befinden sich einige sehr bewegliche Teile.
3. Es ist teils weich, teils hart.
4. Wenn es lange benutzt wurde, muß es Pause machen.
5. Jeder Mensch braucht zwei Stück.
6. Es findet sich immer am selben Ort.
7. Man sieht es eigentlich nur selten bei anderen Leuten.
8. Du kannst damit spazierengehen.
9. Manchmal riecht es nicht gerade appetitlich.
10. Du findest es auch an manchen Möbelstücken und an jedem Berg.

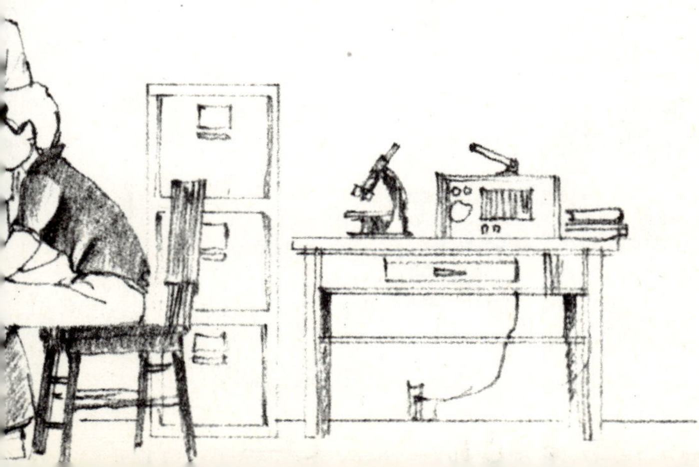

Flucht vom Tatort

Bei seinem vorläufig letzten Einbruch hatte der Täter Pech! Er entschloß sich zu überstürzter Flucht, als er die Hausbewohner zurückkehren hörte. Wenn du dieses Bild genau betrachtest, wirst du entdecken, daß der Einbrecher all sein Werkzeug und seine Ausrüstung am Tatort zurückgelassen hat. Im Bild verstecken sich: Taschenlampe, Schaufel, Motorrad, Schutzhelm, Handschuhe, Tasche, Kneifzange, Hammer, Säge, Lötlampe, Schutzbrille, Schraubenzieher, Drahtrolle, Notizbuch und Bleistift.

Besuch im Gespensterschloß

Ein Alptraum von Peter: Die drei ??? haben sich im Gespensterschloß verirrt. Du meinst, das könne dir nicht passieren? Na, dann versuche, dich in diesem Labyrinth zurechtzufinden!

Katzenkorb

Bob hat für Justus und Peter eine knifflige Aufgabe ausgeknobelt. Versuche du, sie auch zu lösen!

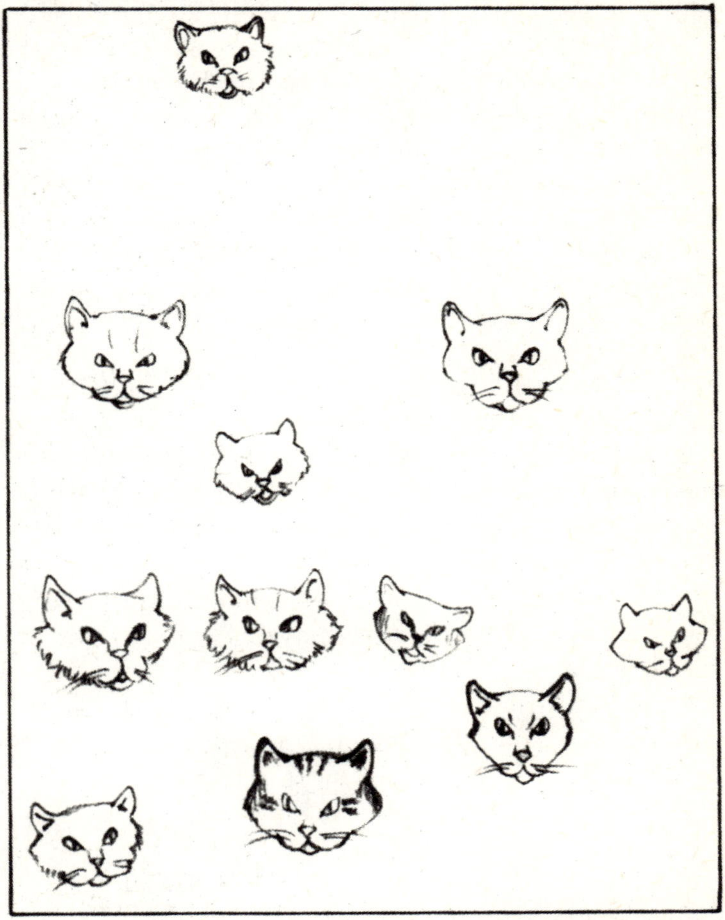

Vier gerade Linien sollen diese Fläche so zerteilen, daß jede der elf Katzen ihr eigenes »Körbchen« bekommt. (Es entstehen dabei größere und kleinere Körbchen!)

Das gefälschte Testament

Kate Tuttle, die reichste Frau von Rocky Beach, ist gestorben und hat ihrem Neffen John Tuttle Munsey ein Millionenvermögen hinterlassen. Die Hinterbliebenen waren bei der Testamentseröffnung äußerst erleichtert, denn die alte Dame hatte damit gedroht, all ihr Geld einem Asyl für herrenlose Hunde und Katzen zu vermachen! Nur – als das handgeschriebene Testament genau untersucht wird, stellt es sich als Fälschung heraus.
Hauptkommissar Reynolds ist beauftragt, den Fall aufzuklären. Er verhört Mrs. Tuttles Verwandte. Hauptverdächtiger ist John Tuttle Munsey; aber der Kommissar zieht auch Johns Frau und seine beiden Söhne in Betracht, denn sie würden ja ihrerseits John beerben. Der Kommissar beschafft sich Schriftproben der Verdächtigen und vergleicht das Material sehr sorgfältig. Tatsächlich ergeben sich Anhaltspunkte zur Überführung des Schriftfälschers. In einer der Handschriftproben finden sich mehrere Merkmale, die auch in der bei dem Testament verwendeten Schrift auftreten und somit den Schluß zulassen, daß jene Person das gefälschte Testament abgefaßt hat. Kannst du diesen Schrifturheber ebenfalls benennen?

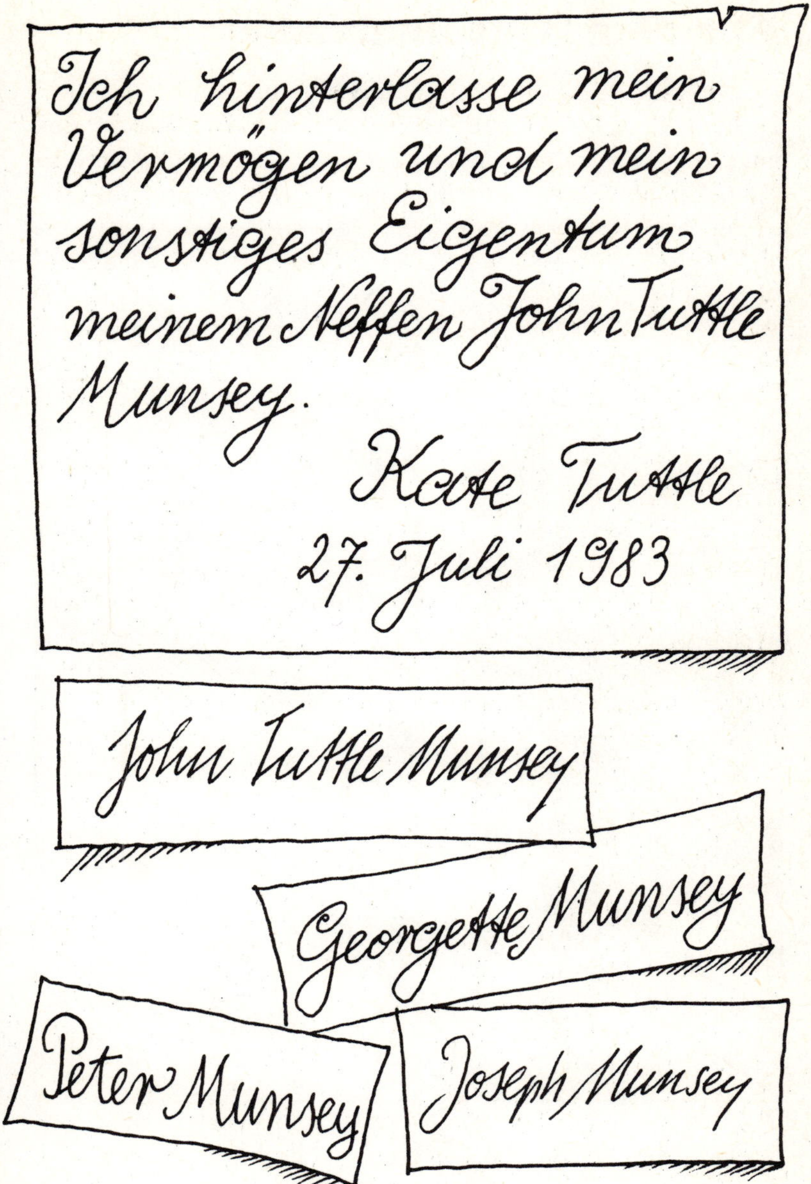
Ich hinterlasse mein Vermögen und mein sonstiges Eigentum meinem Neffen John Tuttle Munsey.
Kate Tuttle
27. Juli 1983
John Tuttle Munsey
Georgette Munsey
Peter Munsey
Joseph Munsey

Aus dem Gruselkabinett

Die drei ??? stellen dir im Bild diese unheimlichen Geschöpfe vor, mit denen sie es im Verlauf ihrer Karriere als Junior-Detektive zu tun bekamen. Schätze vorsichtig ab – welches ist das größte?

Das Bergmonster   Der grüne Geist   Die Vogelscheuche (aus »Die drei ??? und der Ameisenmensch«)

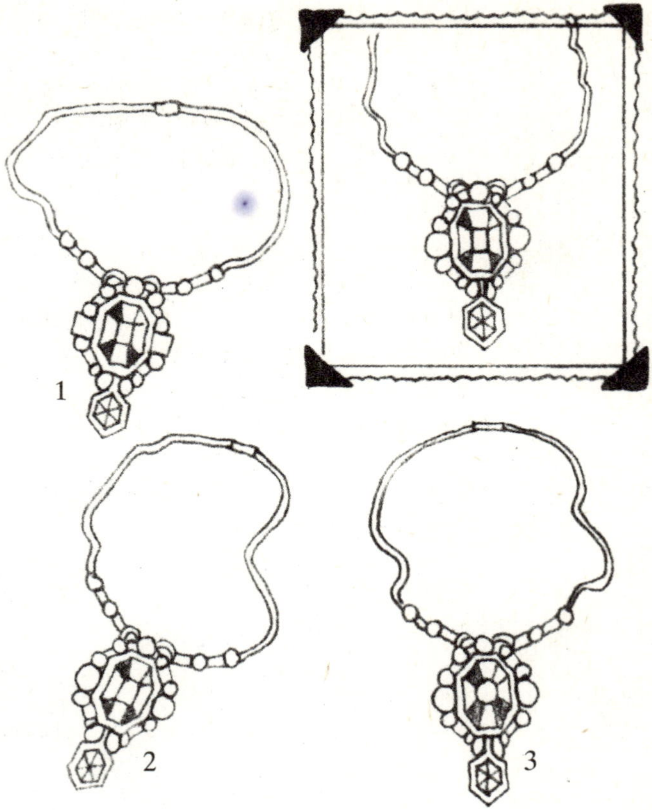

Wer die Wahl hat . . .

Mrs. Patricia Rothbottoms wertvoller antiker Halsschmuck, ein Kollier aus Diamanten, Rubinen und Perlen, wurde gestohlen. Der Zufall will es, daß die Polizei bei ihrer Fahndung nicht eine, sondern gleich drei Halsketten dieses Typs sicherstellt. Welche davon gehört nun Mrs. Rothbottom? Justus half der Dame beim Vergleich der ihr vorgelegten drei Schmuckstücke mit einer Photographie der gestohlenen Kette. Kannst auch du aus den drei Exemplaren die Kette heraussuchen, die Mrs. Rothbottom gehört?

Entlaufen – entflogen

Justus hat für Onkel Titus ein Kreuzworträtsel gebastelt. Da Onkel und Neffe Spaß verstehen, ist daraus eine ganz lustige Angelegenheit geworden. Mit etwas Sinn für Humor findest du leicht die einzutragenden Wörter. Der Clou: Gesucht werden in diesem Rätsel zwei ganz besondere Tiere, die Gegenstand zweier spannender Fälle der drei ??? waren. Ihre Namen tauchen bei richtiger Lösung in der obersten und der untersten waagrechten Zeile auf. Die Überschrift gibt einen Hinweis!

Waagrecht:

1 Entlaufen!
8 Grautier schreit so
9 Gegend in der Schweiz (urig!)
10 Das findest du bald, so zwischen zehn und zwölf
11 Abkürzung für Aktiengesellschaft
12 englisch, spanisch, italienisch: nein
13 Auf diesen beiden Seiten steht ein ....
15 Immer vor dem Essen waschen!
17 Mancher lebt in .... und Braus
18 Ist im Sommer kalt und süß, im Winter nur kalt
19 Der richtige .... im Lotto macht die Million!
21 Zarte Farbtöne und manche Kreiden heißen so
22 An der einen Tür steht ....., an der anderen SIE
23 Hast du das richtige Wort? Schreib es an diesen ......
24 Riesenraum für eine Menge Leute
26 Vorsicht, ...iger Hund!
29 In ...... und um ...... und um ...... herum
30 Urwaldbewohner, der Lianen als »Verkehrsmittel« benutzt
32 Noch leckerer als Kuchen schmeckt ....
33 Entflogen!

Senkrecht:

1 Jedes Schiff hat es unten
2 Schwimmt im Fluß und ist lang und dünn und glitschig
3 ....! schreist du, wenn's weh tut
4 Damit handelt Onkel Titus (ö = oe)
5 Was war zuerst da, die Henne oder das ......?
6 Fällt vom Himmel, prasselt hart aufs Dach und beschädigt zarte Pflänzchen
7 Jetzt!
11 Im Spiel meist die beste Karte
13 Wenn was übrigbleibt: Das ist der ......
14 Nein, nicht das Ganze, nur ein ....
15 Mit Haut und ....

16 Manchmal ist eine Perle drin
17 Schulfach, in dem du nicht sitzen mußt
19 Gegenteil von lustig
20 Bring mich nicht auf die ....
22 »...... war einmal« fängt das Märchen an
25 nicht neu und nicht jung
26 heißt im Kinderzimmer oft Teddy
27 Alles ..... Butter!
28 Halt!
31 Metall mit einem ganz langen Namen, deshalb sagen die meisten nur ....

Nun kannst du nochmals längere Zeit an einer spannenden Rätsel-Geschichte knobeln. Auch hier wird sich Alfred Hitchcock einschalten, um dir ein wenig auf die Sprünge zu helfen.

Das Rätsel der vier Winde

Wie eine Hexe, die finstere Pläne ausheckt, lauerte das alte Haus inmitten der Bäume auf der Anhöhe. Es war ein hohes, schmalbrüstiges Haus; ganz oben saß als Krönung ein runder Raum. Er hatte ein kegelförmiges Dach, es sah aus wie eine seltsame Mütze. Als Augen der Hexe konnte man die beiden Fenster darunter ansehen.

Betty Layton bemerkte die Ähnlichkeit, während sie und ihr Zwillingsbruder Nick ihre Fahrräder die steile Auffahrt hinanschoben. Als sie es jedoch sagte, schnaubte Nick überheblich durch die Nase.

»Weiber!« sagte er. »Für mich sieht es wie ein Haus aus und nicht wie eine Hexe. Wahrscheinlich siehst du es schon auf einem Besenstiel davonfliegen.«

Betty wäre davon hell begeistert gewesen. Aber sie schnaufte noch viel verächtlicher als Nick. »Buben! Keine Spur von Phantasie!«

»Weiber!« beharrte Nick und setzte dann hinzu: »Wenn du auf einem Pferd sitzen könntest, hätten wir uns von Onkel Jack zwei leihen und hierher reiten können – und so müssen wir uns abstrampeln. Meine Beine wollen bald nicht mehr.«

Bettys Beine waren auch sehr müde. Aber sie wollte es nicht zugeben.

»Ist es mein Fehler, wenn ich gegen Pferde allergisch bin?« fragte sie. »Und diesen fürchterlichen Ausschlag kriege, sobald mir eines zu nahe kommt? Aber schön – wenn du dich ausruhen willst, warte ich gern auf dich.«

Statt einer Antwort raste Nick das letzte Stück bis zum Haus wie irrsinnig. Er lehnte sein Rad gegen die Treppe, lief hinauf zur Tür und zog hastig einen großen Messingschlüssel aus der Tasche. Blitzschnell schlüpfte er ins Haus und schlug Betty die Tür vor der Nase zu.
»Das ist gemein!« Erbost hämmerte Betty gegen die Tür. »Ich hätte dich bestimmt eingeholt, aber deine Beine sind länger als meine!«
In Wahrheit war Nick nur drei Zentimeter größer als Betty. Sie sahen einander sehr ähnlich, nur mit dem Unterschied, daß das Haar bei Nick bis zu den Ohren reichte und bei Betty auf die Schultern fiel. Beide hatten fast die gleichen blauen Augen, aus denen dieselbe Mischung von Mutwillen, Humor und Klugheit blitzte.
»Wie spät ist es, wenn die Uhr dreizehn schlägt?« rief er durch die Tür. »Wenn du's nicht weißt, kommst du hier auf keinen Fall herein.«
»Nicht zu spät, um sie zum Uhrmacher zu bringen!« rief Betty zurück, und Nick machte auf.
»Ich wußte noch gar nicht, daß du den kennst«, sagte er grinsend.
»Das war nicht schwer«, erklärte Betty. »Ich weiß sogar zwei Antworten. Noch besser gefällt mir die: ›Dann ist es genau Mitternacht, Geisterreich-Ortszeit‹.«
»Die ist ganz gut«, gab Nick zu. Er schloß die Tür. Sie sahen sich im dämmrig erhellten Innern des Hauses um – die Jalousien waren heruntergelassen – und sogen den sonderbar aus Feuchtigkeit, Staub und Moder gemischten Geruch ein, der sich nur in alten, unbewohnten Häusern findet.
»Ich möchte bloß wissen, wie Peter Perkins* von diesem Haus hier oben in Massachusetts gehört hat«, sagte Nick laut. Er zog ein zusammengeknülltes Telegramm aus der Tasche und las es zum x-ten Mal.

* Sicherlich werdet ihr euch daran erinnern, daß wir Peter Perkins im »Rätsel der sieben verdrehten Uhren« bereits begegnet sind. A.H.

Herrn Nicholas Layton
Fräulein Betty Layton
z. Z. bei Mr. J. H. Joseph
Forest Lake, Mass.

Liebe junge Freunde!
Ich habe eben gehört, daß sich ganz in Eurer Nähe, in der alten Villa Blackwell in Gorset, eine hervorragende Sammlung alter Bücher mit Rätseln und Scherzfragen befindet. Vielleicht könnt Ihr sie Euch einmal ansehen und für mich eine Aufstellung davon machen. Ich möchte sie gern für meine eigene Sammlung kaufen.

Peter Perkins

Aufgegeben war das Telegramm in Atlantic Beach, wo Perkins die Witz- und Rätselseite der Wochenendzeitung redigierte. Sie hatten Mr. Perkins vor zwei Jahren kennengelernt, als sie die Sommerferien in Atlantic Beach verbrachten, und dabei ihre gemeinsame Begeisterung für Rätsel und Wortwitze entdeckt. Nick und Betty schickten Peter alles dergleichen, was ihnen zu Ohren kam. Sie schrieben einander ziemlich regelmäßig. Was Nick nun stutzig machte, war Peters Nachricht über die Villa Blackwell – wie konnte er davon gehört haben?
Nun, vielleicht war sie doch weitaus berühmter, als er und Betty wissen konnten, entschied er und steckte das Telegramm wieder ein.
Auf alle Fälle hatte Luke Bibbit, der Immobilienmakler, ihnen den Schlüssel freudig überlassen. Luke hatte etwas davon gemurmelt, welch »merkwürdiger Zufall« es sei, daß in ein und demselben Monat zwei Interessenten das alte Gebäude sehen wollten, während sonst Jahre hingingen, ohne daß sich jemand daran interessiert zeigte. Aber Nick hatte darauf gar nicht geachtet. Hätte er aufgepaßt, so wären ihm vermutlich Bedenken gekommen.
»Schau mal, Nick!« Betty lief ins Wohnzimmer und plumpste auf ein winziges Sofa, dem eine Staubwolke entquoll. »Alle Möbel haben Kleinformat!«

»Ich weiß«, sagte Nick und folgte ihr. Er sah zur alters- und stockfleckigen Decke auf. Sie war so niedrig, daß man sie berühren konnte, und sie gab ihm das Gefühl, als senke sie sich langsam auf ihn herab, um ihn zu zermalmen. »Mr. Amos Blackwell war ein Zwerg. Aber er war sehr reich. Deshalb ließ er vor hundert Jahren dieses Haus und die ganze Einrichtung nach seinem Größenmaßstab bauen. So konnte er im Haus umhergehen und sich so groß wie alle anderen Leute fühlen.«

»Kein Wunder, wenn Mr. Bibbit sagt, daß dieses Haus niemand kaufen wird«, meinte Betty. Sie stand auf und klopfte sich den Staub ab. »Du liebe Güte, ist das staubig! Wir gehen am besten gleich rauf und sehen nach den Büchern. Von den niedrigen Dekken hier bekomme ich ein ganz komisches Gefühl – als wäre ich Alice im Wunderland, als sie zu wachsen anfing.«

Sie stiegen die Treppe hinauf. Im zweiten Stock waren Schlafräume mit Liliputbetten und -kommoden. Die Bibliothek fanden sie in dem runden Zimmer im dritten Stock. Dieser Raum hatte eine besonders hohe Decke, und Bücherregale füllten die ganze Wandfläche. Überall lagen verstaubte Bücher herum, doch die meisten standen noch auf den Brettern.

»Donnerwetter!« sagte Nick. »Da gibt's griechische und lateinische Bücher.«

»Und französische und deutsche«, ergänzte Betty. »Mister Blackwell muß schrecklich gebildet gewesen sein. Aber hier ist ein altes Buch mit Rätseln, Knobeleien und Scherzfragen. Gedruckt ist es in England – so steht es wenigstens vorne drin.«

»Das wollen wir uns ansehen«, sagte Nick. Er knobelte gern schwierige Denksportaufgaben aus, weil sie in erster Linie Logik erforderten. Betty löste am liebsten Rätsel, weil ihr dabei ihre lebhafte Phantasie zustatten kam.

Betty nahm das Buch vom Regal und blies den Staub fort. Sie ging damit zum Fenster, wo das Sonnenlicht in Streifen einfiel, und öffnete es auf gut Glück.

»Hier ist ein Rätsel«, rief sie. »Es hat Flügel und kann doch nicht fliegen, aber laufen soll es auch nicht.«

Nick schüttelte den Kopf. »Wie heißt die Auflösung?«
»Die Nase.«
Sie schüttelten sich vor Lachen. Und gerade in diesem Augenblick hörten sie von unten den unerwarteten und sonderbar erschrekkenden Anschlag der Hausglocke.
Sie waren sofort still. Rrring! Rrring! Lärmend heischte die Glocke Aufmerksamkeit. Aber wer würde an einem längst verlassenen alten Haus im Walde läuten, zwei Meilen vom nächsten Nachbarn entfernt?
Sie gingen ans Fenster. Von hier aus hatten sie einen herrlichen Blick über die Bäume, auf das Tal und den Fluß, bis hin zur Farm und Ferienpension von Onkel und Tante, wo sie den Sommer verbrachten. Doch auf dem Zufahrtsweg war niemand zu sehen.
Wieder schellte die Türglocke mit barschem Klang, als wolle sie sagen: »Aufmachen!« Es war keine elektrische Klingel, sondern eine altmodische Glocke mit einem Zug außen an der Tür. Der Besucher riß immer ungeduldiger am Handgriff, und die Glocke lärmte immer heftiger.
»Wir sollten doch lieber nachsehen, wer es ist«, sagte Betty, und Nick stimmte zu. Er ging als erster treppab. Die Glocke schwieg jetzt, aber Nick schien es, als sei das Haus von kleinen Echo-Lauten erfüllt, die aus allen Ecken drangen. Er gab sich einen Ruck. Nun entwickelte er schon eine Phantasie wie Betty!
Er ging zur Haustür und riß sie auf. Draußen stand ein kleiner dikker Mann und blickte sie strahlend an. Er hatte einen langen Schnurrbart und eine ungewöhnlich große Brille auf der Nase, und er trug eine blaue Hose und eine blaue Jacke mit Goldknöpfen. Auf dem Kopf hatte er eine Mütze, die ihm viel zu klein war und das Postabzeichen trug.
»Telegramm«, sagte der Dicke und streckte Nick einen gelben Umschlag hin. »An Geschwister Layton!« Der Mann sprach so übersorgfältig, als sei er Ausländer und habe die Sprache aus Büchern gelernt. »An Geschwister Layton gemeinsam auszuhändigen.«
»Der redet und sieht aus wie jemand aus Alice im Wunderland!«

flüsterte Betty. Sie und Nick hatten die Fertigkeit entwickelt, einander etwas zuzuflüstern, ohne dabei die Lippen zu bewegen, und mit so leiser Stimme, daß es selbst aus einem Meter Nähe niemand hören konnte.
»Woher wußte er, daß wir hier sind?« flüsterte Nick.
»Wunder über Wunder«, wisperte Betty. »Lies vor.«
Nick öffnete den Umschlag und entnahm ihm ein gelbes Telegrammformular. In Maschinenschrift stand darauf:

Herrn Nicholas Layton
Fräulein Betty Layton
z.Z. Villa Blackwell – Gorset, Mass.

Liebe junge Freunde!
Löst mir dieses Rätsel: Ich schicke Euch kein Telegramm und doch unterzeichne ich

Peter Perkins

»Nick!« rief Betty. »Das ist gar kein richtiges Telegramm. Es ist einfach auf ein leeres Telegrammformular getippt, wie man es auf der Post bekommt!«
»Richtig«, sagte Nick. »Und darin steht, daß Peter Perkins uns *kein* Telegramm geschickt hat. Das bedeutet –«
Er sah den kleinen Dicken an, der noch immer grinste. Aber sein Lächeln hatte jetzt einen unheilvollen Ausdruck, und die lächerliche Botenmütze, die ihm am Kopf klebte, verlieh seinem Auftreten eine unbestimmte Drohung.
»Das ist kein Telegramm«, sagte Nick entschlossen. »Und auch das andere Telegramm, das mit Peter Perkins unterzeichnet ist, war nicht von ihm, stimmt's? Und Sie sind nicht von der Post.«
Der dicke Mann wischte sich die zu klein geratene Mütze vom Kopf und verbeugte sich.
»Erraten«, sagte er. »Genauestens. Unbezweifelbar richtig. Hier liegt der Hase im Pfeffer. Man beachte meine Beherrschung der Sprache. Ich bin beglückt, euch beide ebenso aufgeweckt und intelligent anzutreffen, wie ihr mir geschildert wurdet. Dementspre-

chend werdet ihr euch vergegenwärtigen, daß Widerstand sinnlos ist.«
»Was redet er da?« flüsterte Betty. »Der ist ja nicht normal.«
»O doch«, gab Nick leise zurück. »Er sieht hinter unserem Rücken etwas. Dreh dich langsam um, und schrei nicht.«
»Das tu ich nie!« Obwohl Betty die Worte nur flüsterte, kamen sie in eisig-erbostem Ton. Nick fühlte sich versucht, sie daran zu erinnern, wie sie in ihrem Bett die präparierte Schlange gefunden hatte, aber dazu war jetzt nicht der richtige Augenblick.
Langsam drehten sich beide um und erblickten einen häßlichen Mann mit breiten Schultern und langen Armen, der in der niedrigen Eingangshalle stand. Seiner Größe wegen mußte er den Kopf einziehen, aber auch so schien er drei Meter groß zu sein.
In Wirklichkeit war er nur knapp zwei Meter groß, aber das reichte, um den ganzen Raum auszufüllen. Betty hielt vor Schreck den Atem an. Nick sprach hastig aus dem Mundwinkel heraus.
»Ich zähle bis drei«, sagte er, »dann rennst du los – rückwärts! Damit rechnen sie nicht. Wir laufen an dem Dicken vorbei, schnappen unsere Räder, und dann den Berg runter, so schnell wir können. Mach dich fertig. Eins, zwei, drei!«
Bei dem Wort »drei« lief er mit aller Kraft rückwärts los. Betty startete ebenfalls, aber unglücklicherweise verwechselte sie die Richtung und lief vorwärts. Sie prallte gegen den Riesen, der sie nur aufzufangen brauchte. Nick, im Rückwärtsgang, rammte den Bauch des dicken Mannes – allein. Der kleine stämmige Ausländer schwankte wie ein getroffener Kegel, aber er fing sich wieder und warf die Arme um Nick. Damit waren sie beide säuberlich gefangen wie Schmetterlinge, die man auf ein Brett gespießt hat.
»Grundgütiger Himmel!« Der Dicke rang nach Luft. »Wie flink sie sind! Wir dürfen ihnen keine weitere Chance geben, Edo.«
»Renk ihnen die Beine aus«, grunzte der lange Kerl mit einem fremdländischen Akzent, den Nick nicht erkennen konnte. »Ganz klein müssen die werden.«
»Aber Edo, Langmut und Freundlichkeit heißt unsere Losung. Oder sagt man Parole? Egal. Bringen wir sie zum Wagen.«

Er wechselte geschickt den Griff, so daß er Nicks Handgelenk hinter dessen Rücken verdreht hielt. Es schmerzte nicht, aber schon der geringste Druck konnte ein gebrochenes Handgelenk zur Folge haben, das wußte Nick.

Betty starrte ihn an, stocksteif in Edos Zugriff. »Nick!« sagte sie. »Tu doch was!«

»Da ist nichts zu tun«, antwortete Nick. »Sie sind stärker als wir.«

»Ein kluger Bursche!« rief der dicke Mann. »Bring du die junge Dame, Edo. Aber behandle sie, als seist du ihr Kavalier.«

Er drehte Nick um und lenkte ihn die Vortreppe hinunter und die Auffahrt entlang. Um die Ecke parkte ein alter geschlossener Lieferwagen, der in frischer Farbe die Aufschrift trug:

PHILIP ANDRES
Mechanische Werkstätte

Hinter sich hörte Nick Betty schreien. »Hilfe! Hilfe! Wir –«

Die Worte wurden so plötzlich erstickt, daß Nick buchstäblich sehen konnte, wie Edos Pranke Bettys Mund zuhielt.

»Edo!« sagte Nicks Bewacher. »Das ist nicht fein. Nimm die Hand weg.«

»Die schreit! Die ruft um Hilfe!«

»So laß sie.« Der dicke Mann wandte Nick um, so daß er Bettys wütendes Gesicht sehen konnte. »Laß sie beide schreien. Los, ruft um Hilfe!«

»Hilfe!« brüllte Betty wieder. »Hilfe!«

Als sie sah, daß Nick nicht einstimmte, verstummte sie. »Warum schreist du nicht?«

»Es hat keinen Zweck«, sagte Nick. »Hier kann uns kein Mensch hören. Sie würden uns nicht schreien lassen, wenn wir irgendwo gehört werden könnten.«

»Natürlich«, sagte Betty voll Bitterkeit, »mal wieder deine Logik. Jungen finde ich abscheulich, immer wollen sie logisch denken.«

»Ein hochinteressantes Zwiegespräch – man sagt ja wohl auch Geplänkel oder Wortwechsel«, ließ sich der kleine dicke Mann vernehmen. »Ihr seht, mein Wortschatz übertrifft den der meisten

Einheimischen. Ich treibe sehr intensive Sprachstudien. Ich beherrsche elf andere Sprachen, aber diese ist die schwierigste. Doch nun hinein mit euch. Wir müssen eine weite Strecke überwinden.«
Er nahm Nick die Armbanduhr ab, ebenso das Taschenmesser mit dem in den Griff eingelassenen Kompaß, ein paar Geldstücke und den Schraubenzieher, den Nick ständig bei sich hatte, weil sich das schon oft bewährt hatte. Betty nahm der kleine Mann ihr Täschchen weg; ihr silbernes Armkettchen mit dem glückbringenden pfenniggroßen Silberanhänger durfte sie behalten. Dann schubsten die Männer Nick und Betty in den Laderaum des Lieferwagens, warfen die Fahrräder hinterher und schlossen die Tür. Bald darauf fuhr der Wagen ab. Zwischen ihnen und dem Fahrersitz war eine starke Trennwand, und somit waren sie recht ausbruchsicher gefangengesetzt.
Zunächst versuchte Nick zu erraten, in welche Richtung und wie lange sie fuhren. Er merkte sich die Kurven, in die der Wagen einbog, und zählte dann seine Pulsschläge, um die Zeit bis zum nächsten Abbiegen zu errechnen. Aber nach einem Dutzend Kurven gab er heillos verwirrt auf.
»Wohin bringen sie uns – was meinst du?« fragte Betty.
»Das bekommen wir nach meiner Schätzung nicht heraus«, sagte Nick in seinem logischen Ton, der sie in Wut brachte. »Komm, wir sehen uns im Wagen gründlich um und suchen einen Ausweg.«
Gemeinsam untersuchten sie das Wageninnere Zoll für Zoll. Alles, was sie entdeckten, war ein enger Spalt an der Unterkante der Hintertür. Wenn Nick sich auf die Seite legte und mit einem Auge hindurchblinzelte, konnte er ein ganz schmales Stück des Randstreifens sehen. Er schaute lange hin und hoffte, irgendein Straßenschild zu sehen, aber die Tafeln waren alle zu hoch.
Die Zeit verging, und sie wurden hungrig. Sie aßen die Brote aus den Vesperpaketen, die sie auf dem Gepäckträger mitgebracht hatten. Und da es darauf nichts mehr zu tun gab, breiteten sie ein paar Säcke auf dem Boden des Wagens aus und legten sich hin. Sie hatten keine Ahnung, wie lange sie geschlafen hatten, als ein Holpern sie aufweckte.

»Ein Bahnübergang«, sagte Nick, als es wieder rumpelte. Er legte ein Auge an den Spalt und konnte gerade den unteren Teil vieler eng zusammengebauter Häuser erkennen. »Wir sind in einer größeren Stadt, würde ich sagen«, berichtete er. »Jetzt fahren wir über eine Brücke. Da ist ein kleiner Fluß, und ich glaube, ich sehe ein Stück von einem Ziegelbau, eine Fabrik, wie man sie in alten Städten findet.«

Im nächsten Augenblick bogen sie in eine schmale Straße ein, danach in eine Einfahrt. Nick wurde plötzlich die Sicht genommen, als sie in eine dunkle Garage rollten. Dann hielt der Wagen, und Nick richtete sich auf.

»Immer mit der Ruhe«, riet er Betty. »Ehe wir etwas unternehmen, müssen wir herauskriegen, um was es hier eigentlich geht.«

Das war einer jener Ratschläge, die Betty für gänzlich nutzlos hielt und mit denen Jungen einem Mädchen gegenüber sehr freigebig waren; sie glaubten anscheinend, Mädchen verlangten ständig nach ihrer überlegenen Weisheit. Aber sie unterdrückte eine sarkastische Bemerkung. Es lief im Notfall doch darauf hinaus, daß sie sich lieber auf Nicks nüchternes Urteil als auf ihre eigene, oft vorschnelle Reaktion verließ.

Gleich darauf ging die Wagentür auf. Edo und der dicke Mann standen davor. Hinter ihnen war die Garagentür fest verschlossen.

»Wir sind am Ziel«, sagte der Dicke gutgelaunt. »Willkommen in meinem bescheidenen Domizil, gleichbedeutend mit Heim oder Behausung. Wir werden uns öfter unterhalten, und ihr werdet mir helfen, meine Ausdrucksweise zu verbessern. Ich glaube, ich spreche zu korrekt, nicht wahr? Nicht so waschecht wie die Leute hier.«

Als Betty und Nick herauskletterten, wurden sie gleich von ihm und Edo am Arm genommen und durch eine Tür geführt. Dahinter lag ein Flur, dann kam eine abwärts führende Treppe. Sie stiegen hinunter und kamen nochmals durch eine Tür. Edo knipste Licht an, und sie fanden sich in einem Kellerraum, der zwar nicht gerade luxuriös, aber immerhin erträglich war.

Es war ein ziemlich großer Raum mit grüngestrichenen Wänden

und einem Zementboden. Offenbar war er als Freizeitraum benutzt worden, denn zwei Liegen mit überzogener Matratze standen an einander gegenüberliegenden Wänden; in der Mitte des Raums war ein Ping-Pong-Tisch mit Schlägern und Bällen. Ein Fenster gab es nicht; zur Belüftung diente eine kleine vergitterte Öffnung hoch oben in der Wand.
»Fühlt euch wie zu Hause«, sagte der dicke Mann. »Ihr werdet etwas zu essen bekommen und könnt Tischtennis spielen, und dann werden wir uns unterhalten, plaudern, schwatzen, diskutieren – was ist das richtige Wort?«
»Tratschen«, schlug Betty vor.
»Quatschen«, sagte Nick gleichzeitig.
»Tratschen – quatschen. Oh, das ist eine schwere Sprache. Nun komm, Edo, wir haben viel zu tun.«
Sie gingen hinaus und verriegelten die Tür von außen.
»So, nun wollen wir uns hier umsehen«, sagte Nick.
Es dauerte nicht lange. Nebenan war ein winziges Badezimmer, das aber normalen Ansprüchen genügte. Doch es fand sich nichts, was als Ausbruchsinstrument geeignet gewesen wäre, und auch kein Fluchtweg. Sie entdeckten, daß eine dreiarmige Stehlampe am Bücherregal ein behaglicheres Licht gab als die Birne an der Decke, aber sonst war nichts zu gebrauchen.
»Wenn nur der Sicherungskasten, den wir im Flur gesehen haben, hier drin wäre«, murmelte Nick, aber er erklärte nicht, was er in diesem Fall damit anfangen würde. Betty fragte nicht danach, weil Nick seine Ideen nicht gern vorzeitig preisgab. Manche Jungen taten das, wie sie beobachtet hatte, aber andere behielten einen Einfall lieber für sich, bis der richtige Zeitpunkt zum Handeln gekommen war. Nick gehörte zu den letzteren.
»Was machen wir nun?« fragte Betty.
»Losheulen«, empfahl ihr Nick.
»Heulen?« Sie sah ihn verwundert an. »Das kann ich doch nur, wenn ich traurig bin.«
»Dann mußt du eben traurig sein«, entschied Nick. »Da kommt jemand die Treppe herunter. Hört sich wie Edo an.«

Betty wollte gerade protestieren, aber Nick warf sich auf eine Liege und vergrub das Gesicht in den Händen. Betty ließ sich auf die andere Liege fallen und dachte an den Tag, als ihr Kätzchen davongelaufen und nicht wiedergekommen war. Bis die Tür aufging und Edo mit belegten Broten und zwei Gläsern Milch auf einem Tablett hereinstampfte, liefen ihr echte Tränen die Backen hinunter.

Edo stellte das Tablett auf den Ping-Pong-Tisch. »He – ihr beiden«, brummte er.

Sie setzten sich auf, Betty in Tränen, Nick mit unglücklichem Gesicht, aber außerstande, wirklich zu weinen. Irgendwie schien es Betty, als stimmten ihre Tränen den großen Kerl um.

»Schön«, sagte er. »Das gefällt mir. Nur keine Faxen. Sonst –« Er machte eine Bewegung, als wolle er jemandem den Hals umdrehen, und ahmte häßlich den Laut brechender Knochen nach. Dann stolzierte er hinaus und verriegelte die Tür wieder. Betty hörte sofort auf zu weinen.

»Na?« fragte sie ihren Bruder.

»Edo traut uns nicht«, sagte Nick mit einem Anflug von Genugtuung. »Er hat Angst, wir könnten zu klug für ihn sein. Als er sah, wie du heultest, war er beruhigt. Aber der andere, der Chef, ist so stolz auf seine eigene Weisheit, daß wir ihm kein Kopfzerbrechen bereiten.«

»Na, dafür macht er mir genug«, verkündete Betty. »Ich will hier raus.«

»Auf den Liegen sind Bettücher, und da hätte ich eine Idee«, sagte Nick. »Aber wir müssen warten, bis wir wissen, was sie vorhaben. Komm, wir essen und versuchen, uns ein bißchen an die beiden heranzutasten.«

Sie nahmen von den Broten. Ihrem Appetit nach zu urteilen, mußte es Spätnachmittag oder früh am Abend sein.

»Sie sind Ausländer«, sagte Betty. »Aber ich weiß nicht, woher. Der Dicke spricht ganz gut, aber er hat zuviel im Wörterbuch gelesen, statt die Sprache im Land zu lernen. Und sie haben sich die größte Mühe gegeben, um uns zu schnappen. Sie wußten, daß Peter Perkins unser Freund ist – also haben sie uns entweder lange beobachtet oder in den letzten Wochen in unserer Post rumgeschnüffelt.«

»Ich würde sagen, die haben unsere Post gelesen«, warf Nick ein. »Onkel Jack und Tante Ellen haben ja die Pension, und ein paar Gäste kamen mir reichlich merkwürdig vor. Einer von denen könnte uns bespitzelt und unsere Post gelesen haben.«

»Dahinter steckt bestimmt eine große Organisation«, fuhr Betty fort. »Wie sie herausgefunden haben, daß wir gern Rätsel lösen, und dann von den Rätselbüchern in der alten Villa Blackwell erfahren haben und uns ein falsches Telegramm aus Atlantic Beach mit Peter Perkins' Unterschrift geschickt haben – das alles bedeutet, daß mindestens vier oder fünf Leute hier zusammenarbeiten. Ein Spionagering aus dem Ausland!« schloß sie und sah Nick mit großen runden Augen an.

»Daß sie uns in dem alten Gemäuer aufgelauert haben, wo niemand in der Nähe war, das war geschickt gemacht«, sagte Nick. »Sie haben sich wirklich Mühe gegeben. Das bedeutet, daß es ihnen um etwas Großes geht. Aber was? Vater ist nicht reich, und seine chemische Fabrik macht ja nichts furchtbar Wichtiges wie Raketentreibstoff oder so was.«

»Aber was kann es dann bloß sein?« Betty runzelte die Brauen.

»Darüber brauchen wir uns nicht den Kopf zu zerbrechen. Sie erzählen es uns schon früh genug. So wie sich der Dicke aufführt, glaube ich, daß wir uns keine Sorgen zu machen brauchen, wenn sie nur kriegen, was sie wollen.«

»Na, ich hab' jedenfalls 'ne ganz schöne Wut auf sie!« sagte Betty. »Denen möchte ich es zu gern zeigen, daß sie uns nicht einfach reinlegen und ihr Geschäft machen können.«

»Das möchte ich auch«, stimmte Nick zu. »Aber wir müssen abwarten, was passiert. Wie wär's mit einem Match?«

Sie spielten vielleicht eine Stunde lang mit wahrem Schwung Tischtennis. Nick hatte die größere Schlagkraft, aber Betty war wendiger und konnte Bälle parieren, die unhaltbar aussahen. Als die Tür aufging und der kleine dicke Mann eintrat, stand es noch

immer unentschieden. Er hatte den falschen Schnurrbart, die große Brille und die komische Kleidung abgelegt und sah nun aus wie ein Geschäftsmann oder auch ein Lehrer. Wer ihn in seiner Verkleidung gesehen hätte, würde ihn jetzt nur mit Mühe wiedererkennen, ging es Nick durch den Kopf.
»Oh, guten Tag. Mr. – hm, heißen Sie wirklich Andres?«
»Das steht auf meinem Lastwagen«, sagte der Mann mit feinem Lächeln, »aber in Wirklichkeit heiße ich anders. Anders und nicht Andres. Na? Ich kann sogar schon Witze machen. Nennt mich Mr. Nemo. Ich wollte euch aufsuchen.«
»Möchten Sie Ping-Pong spielen, Mr. Nemo?« fragte Betty.
»O nein, meisten Dank – ich meine, vielen Dank.« Mister Nemo klopfte sich auf den feisten Leib. »Ich übe nur geistiges Training aus. Wir wollen etwas anderes versuchen. Gebt mir ein Rätsel auf. Laßt mich meine weitreichende Kenntnis eurer Sprache erproben.«
»Hier haben Sie etwas Leichtes«, sagte Betty. »Warum ziehen alle Leute zuerst den rechten Schuh an?«
»Den rechten Schuh zuerst?« Mr. Nemo sah auf seine Füße nieder. »Ja, in der Tat, ich ziehe wirklich den rechten Schuh zuerst an. Aber ich weiß nicht, warum. Wie lautet die Antwort?«
»Weil es Unsinn wäre, den falschen zuerst anzuziehen«, erklärte Betty.
»Oh – natürlich. Noch eine Aufgabe, bitte.«
»Nun kommt eine selbsterfundene«, sagte Nick. »Was haben eine kaputte Trompete und eine stillgelegte Lehmgrube gemeinsam?«
Mr. Nemo sah recht ratlos drein. Sogar Betty zog beim Überlegen die Stirn in Falten. »Ich habe es!« rief sie schließlich.
Mr. Nemo schüttelte den Kopf. »Aber ich nicht. Du mußt es mir sagen.«
»Beide bringen keinen Ton mehr hervor«, sagte Betty. Er sah noch immer verwirrt aus.
»Wie bitte – Ton?«
»Der Ton in der Musik und der Ton zum Brennen«, erläuterte Nick.

»Ton – Ton...« murmelte Mr. Nemo. »Lieber Himmel, welch schwere Sprache. Doch ich glaube, ich kenne sie gut genug. Also wollen wir jetzt zur Sache kommen. Es ist wirklich äußerst einfach. Euer Vater hat etwas, was mir fehlt. Ich habe schon versucht, es ihm zu stehlen; das mißlang mir. Nun will ich ihm dafür einen Tauschhandel vorschlagen. Das Tauschobjekt seid ihr.«
Er strahlte die beiden an, als habe er ihnen soeben einen großen Gefallen getan. Nick und Betty wechselten einen »Hab-ich's-nicht-gesagt«-Blick.
»Ich bin sicher, daß alles gut vonstatten gehen wird«, sagte Mr. Nemo. »Ich habe bestens vorgearbeitet. Lest bitte diesen Brief.«
Er zog ein zusammengefaltetes Blatt Papier hervor und reichte es Nick. Betty kam dicht heran, um mitlesen zu können. Es war an ihren Vater gerichtet.

Geehrter Mr. Layton!
Sie haben unlängst ein neues und sehr wirkungsvolles Rostschutz- und -entfernungsmittel erfunden. Ich möchte sehr gern die chemische Zusammensetzung kennen. Es ist mein Wunsch, auch mein Land an den Segnungen Ihrer großartigen Entdeckung teilhaben zu lassen.
Sie werden die Zusammensetzung aufschreiben und sie auf Mikrofilm verkleinern. Ich werde Ihnen vier Boten senden, und Sie werden jedem eine Kopie übergeben. Innerhalb von 24 Stunden nach ihrer Rückkehr werden Nicholas und Betty Ihnen alles über ihr Abenteuer berichten können; jedoch nur, wenn Sie die durch die Sendboten überbrachten Anweisungen genau befolgen und die Behörden nicht in irgendeiner Weise informieren. Ich bin ein friedlicher Mensch, aber ich kann hart sein. Untenstehend die Fingerabdrücke Ihrer Kinder als Beweis dafür, daß sie in meiner Hut und bei bestem Befinden sind.
Mit vortrefflicher Hochachtung Mr. Nemo

Verwirrt sah Nick Mr. Nemo an. »Das verstehe ich nicht«, sagte er. »Rostentfernungsmittel? Ich meine, wenn Paps einen neuen Raketentreibstoff erfunden hätte –«

»Raketentreibstoff?« sagte Mr. Nemo kopfschüttelnd. »Das interessiert mich nicht, mein Junge. Ich bin Geschäftsmann. Nun überlege doch: Wie viele Millionen Tonnen Eisen und Stahl rosten alljährlich! Wie viele Menschen verbringen all ihre Zeit damit, große Brücken anzustreichen und Maschinenteile zu ölen, damit sie nicht rosten! Wie viele Millionen Maschinen aller Art verrosten jedes Jahr und werden damit wertlos!«

Nick war sichtlich beeindruckt. »Das stimmt«, sagte er zu Betty. »Weißt du noch, wie das Garagendach einmal im Winter undicht war und unser Motormäher so verrostete, daß wir ihn wegwerfen mußten? Damals hat Paps angefangen, an seinem Rostschutzmittel zu arbeiten. Und hast du gemerkt, daß auf unseren Rädern nicht der kleinste Rostfleck zu sehen ist, seit wir sie mit dem Zeug poliert haben, das er uns im Herbst gegeben hat?«

»Der Kampf gegen den Rost kostet Millionen!« sagte Mr. Nemo. »In meinem Land haben wir viele teure Maschinen, die verrosten, weil die Bauern sie auf den Feldern stehen lassen. Bald darauf sind sie wertlos. Das neue Rostschutzmittel eures Vaters wird sie retten.«

»Aber warum kaufen Sie es ihm dann nicht einfach ab, statt das Rezept zu stehlen?« fragte Nick.

»Wäre das nicht viel einfacher?« wollte auch Betty wissen.

»Doch«, gab Mr. Nemo zu. »Aber viel teurer. Wir werden pro Jahr mindestens für eine Million Dollar davon verbrauchen.«

»Donnerwetter!« meinte Nick zu Betty. »Für eine Million Dollar! Kein Wunder, daß Sie sich solche Mühe gegeben haben. – Sie sind ein Spion, nicht wahr?«

»So – bitte.« Mr. Nemo zog ein Stempelkissen aus der Tasche. »Drückt eure Finger darauf und dann auf den Brief. Ich bin kein Spion – wenigstens nicht offiziell. Ganz inoffiziell. Das ist viel besser.«

Nick steckte die Hände in die Taschen. Betty legte sie auf den Rücken.

»Sie glauben doch nicht, daß Paps sich davon überzeugen ließe, oder?« fragte Nick.

»Papa ist Wissenschaftler. Er muß für alles einen Beweis haben«, fügte Betty hinzu.
»Und zwei Fingerabdrücke werden kaum beweisen, daß es uns wirklich gutgeht«, meinte Nick tiefsinnig.
»Bitte!« Mr. Nemo sah betrübt aus. »Mein Plan ist so perfekt, und ihr seid nicht in Gefahr. Niemand kann uns hier aufspüren. Und später mögt ihr uns beschreiben – wir sind dann Tausende von Kilometern weit weg, und es kümmert uns nicht mehr.«
»Man könnte Ihren Boten folgen«, sagte Nick. »Das ist immer der schwache Punkt bei einer solchen Methode.«
»Setzt euch«, sagte Mr. Nemo. Er drehte sich um und öffnete die Tür. »Edo! Bring Zephir, Monsun, Passat und Schirokko!«
Nick und Betty setzten sich auf eine Liege. Gleich darauf erschien Edo mit einem Weidenkorb. Mr. Nemo nahm ihm den Korb ab und schickte ihn wieder weg. Dann nahm er eine schlanke graue Taube aus dem Korb und hielt sie behutsam in den Händen.
»Das ist Monsun«, sagte er. »Ist er nicht schön? Zephir, Passat und Schirokko sind seine Brüder.«
»Eine Brieftaube!« rief Nick. Sein Interesse war entfacht. »Sie lassen sich Mikrofilm-Kopien von dem Rezept durch vier Brieftauben bringen! Das ist die Masche!«
»Das will ich meinen«, sagte Mr. Nemo. »Sie wurden sorgfältig dressiert. Sie werden per Expreß angeliefert, und euer Vater wird Anweisungen erhalten, sie morgen genau eineinhalb Stunden vor Sonnenuntergang freizulassen. Und wenn sie mit ihrer Kunde wieder hier angelangt sind, kann ich die Segel setzen. Deshalb gab ich ihnen die Namen von vier Winden. Ihr glaubt vielleicht, euer Vater könne versuchen, sie zu verfolgen. Doch das ist ausgeschlossen. Sie fliegen mit fast achtzig Kilometer pro Stunde, und zu der bewußten Tageszeit sind große Vogelscharen in der Luft, Tauben und Sperlinge, die von dem Ort, wo sie Futter fanden, wieder in die Stadt zurückkehren. Meine vier schönen Tauben werden sich rasch unter all den anderen verlieren. Die einzige Gefahr droht möglicherweise von einem Habicht. Aber alle vier kann ich nicht verlieren.«

Er strich die Federn des Vogels glatt.
»Versteht ihr? Selbst wenn einer oder zwei meiner Vögel nicht zurückkommen, sind nicht alle verloren. Und sie werden niemandem auffallen. Viele Einwohner dieser Stadt halten und züchten Tauben aus Liebhaberei, und wir sind schon seit Monaten hier und allgemein bekannt. Nichts kann Aufsehen erwecken – nichts. Zephir und Monsun – und vielleicht auch Passat und Schirokko werden mit dem Rezept zurückkommen. Edo und Mr. Nemo fahren in dem alten Lastwagen weg, wechseln dann in einen schnellen Wagen über, fahren zu einem Flugplatz und fliegen selbst wie Vögel davon. Bald darauf seid ihr und euer Vater wieder vereint. Ein erfreuliches Geschäft wurde mit einem Minimum von Aufwand und Verdruß abgeschlossen. Und ich nehme ihm auch nichts weg. Er hat noch immer das Rezept für seine Geschäfte. Ich teile es lediglich mit ihm!«
»Scheint mir, als hätte er an alles gedacht«, sagte Nick unwillig zu Betty. »Schätze, wir werden uns fügen müssen.«
»Ich auch. Aber Mr. Nemo, lassen Sie uns lieber selbst etwas an Papa schreiben. Dann weiß er, daß es uns gutgeht, und schickt das Rezept ohne Bedenken auf den Weg.«
»Ausgezeichnet«, sagte Mr. Nemo. »Aber ihr müßt schnell schreiben und dürft nicht versuchen, mich an der Nase herumzuführen. Mr. Nemo läßt nicht mit sich witzeln.«
»Spaßen«, verbesserte Betty. »Bestimmt nicht.«
Mr. Nemo legte Brief und Stift auf den Ping-Pong-Tisch.
»Schreibt schnell«, sagte er warnend, »wenn ihr zögert, muß ich annehmen, daß ihr euch einen Trick ausdenkt. Ich weiß, daß ihr klug seid. Seid nur nicht zu klug.«
»Du liebe Güte!« murrte Betty. »Wenn wir wirklich klug wären, wären wir schließlich nicht hier.«
Dann schrieb sie flott ans Ende des Briefes:

Lieber Papa!
Tu bitte genau das, was Mr. Nemo will, dann ist schon bald alles anders. Er ist sehr nett, und wir haben es gut bei ihm. Wenn Du Zeit

hast, so rufe bitte Mrs. Jones an (aber Du mußt laut sprechen, sie ist furchtbar schwerhörig!) und frage sie nach »Anemone«, dem Pony, das sie mir verkaufen wollte. Als ich es zuletzt sah, lag es da und streckte alle viere von sich. Kannst Du mal den Arzt danach sehen lassen? Vielleicht steckt etwas anderes dahinter.
Bitte denk auch daran, daß meine Aquariumfische frisches Wasser bekommen, und geh mit Rex spazieren und sag ihm schöne Grüße von mir. Darf ich einen Goldhamster haben? Tante hat welche, und sie sind so süß. Ich freue mich aufs Wiedersehen.
Herzlichst, *Deine Tochter Betty*

Mr. Nemo las den Brief langsam und mit lauter Stimme vor. Dann nickte er. »Sehr gut«, sagte er. »Ich freue mich, daß du mir keine Falle stellen willst. So, mein Junge, nun bist du dran.«
»In Ordnung«, sagte Nick. Der Stift huschte nur so übers Papier.

Lieber Paps!
Mädchen sind doch zu blöd! Sich in einer solchen Lage um Tiere Sorgen zu machen! Und warum soll das Pferd ausgerechnet »Anemone« heißen? Mrs. Jones nennt es doch immer anders. Jessika Russo will es übrigens auch kaufen, also beeil Dich.
Es ist natürlich alles anders gekommen, als wir es uns gedacht hatten, aber Mr. Nemo ist gar nicht so. Wenn Du seinen Weisungen folgst, werden wir nicht mehr lange auf Dich warten müssen.
Gruß Nick

Mr. Nemo las auch diesen Brief laut vor. Bei einer Stelle wandte er sich stirnrunzelnd zu Nick. »Dieses ›Mr. Nemo ist gar nicht so‹«, meinte er. »Der Ausdruck gefällt mir nicht.«
»Es heißt, daß Sie ein prima Kerl sind«, sagte Betty.
»Ein patenter alter Knabe«, warf Nick ein.
»Ah ja, ein patentes altes Haus!« Mr. Nemos Gesicht hellte sich auf. »Ich verstehe. Aber ›ist gar nicht so‹ und ›prima Kerl‹...« Er schüttelte den Kopf. »Für mich ist diese Sprache sehr schwer zu handhaben. Nun, sei's drum. Euer Vater erhält den Brief morgen

früh. Und ich hoffe, daß er meinen Weisungen folgt. Dann sind wir alle glücklich und zufrieden.«
Mit breitem Lächeln ging er hinaus und schob den Riegel vor. Sobald er fort war, ließ sich Betty neben Nick auf die Matratze fallen.
»Deine Nachricht an Papa war ausgezeichnet«, flüsterte sie. »Natürlich habe ich mich darauf verlassen, daß du damit meine noch besser erklärst. Mehr konnte ich nicht sagen. Aber trotzdem war meine Idee auch gut, meinst du nicht?«
»Auch nicht anders als meine«, sagte Nick ohne große Begeisterung.
»Anders – was soll das nun schon wieder heißen?« begehrte Betty auf. »Sie war richtig gut! Oder glaubst du etwa, daß Papa es nicht kapieren wird?«
»Doch, sicherlich«, stimmte Nick zu. »Nur bin ich mir nicht sicher, ob es überhaupt eine gute Idee war. Wenn du in deinem Brief keine Geheimbotschaft versteckt hättest, hätte ich es auch nicht getan. Aber da du es nicht lassen konntest, mußte ich auch Hinweise dazu geben. Eigentlich hatte ich etwas anderes vor.«
»Was denn?« fragte Betty neugierig.
Aber Nick wollte nichts erzählen. Er sagte: »Heute gehen wir lieber früh schlafen. Morgen gibt es viel zu tun.«

Guten Abend. Vielleicht dachtet ihr, ich sei anderweitig beschäftigt. Ich versichere euch jedoch, daß ich den Ereignissen mit lebhafter Anteilnahme gefolgt bin. Es liegt klar zutage, daß die scheinbar harmlosen Zeilen von Nick und Betty eine ganze Menge mehr aussagen, als es scheint. Doch kann ich Mr. Nemo nicht für seine Begriffsstutzigkeit tadeln. Immerhin gibt es hier etliche Dinge, die er nicht wissen kann. Seht zum Beispiel im sechsten Abschnitt am Anfang unserer Geschichte nach – dort werdet ihr etwas bereits Bekanntes entdecken, das euch beim Enträtseln von Bettys Nachricht hilft. Und noch ein Hinweis: Wie sagt man noch für »Anemone«? Buschwindröschen, richtig. Na und? Windröschen…

Nun zu Nicks verschlüsselter Botschaft. Lest euch den Satz »Jessika Russo will es übrigens auch kaufen« schnell vor. Was verbirgt sich in den ersten beiden Worten, und welcher Vergleich drängt sich dabei auf? Im übrigen ist gleich darauf die Rede von »beeilen« und »Weisungen folgen«. Mehr sage ich nicht, sonst platzt die Bombe, um im kuriosen Jargon der Unterwelt zu sprechen. Also weiter im Text!

Nun verflog die Zeit rasch. Edo brachte das Abendessen auf Plastiktellern mit Plastikbesteck. Nach dem Essen versuchte Betty, Nick seine Idee abzulisten, aber Nick schwieg sich hartnäckig aus. Sie spielten Ping-Pong, bis Nick plötzlich bestimmte, es sei Schlafenszeit.

Sie wuschen sich in dem winzigen Badezimmerchen mit kaltem Wasser und fielen noch fast angezogen ins Bett. Gleich darauf waren sie eingeschlafen.

Da es in dem fensterlosen Kellerraum dunkel blieb, schliefen sie lange und wachten erst auf, als Edo das Frühstück hereinbrachte. Nick knipste die dreiarmige Stehlampe an; gähnend setzten sie sich auf. Als Edo das Tablett mit gebratenem Speck, Eiern und Milch niedersetzte, kam Mr. Nemo herein.

»Zephir, Monsun, Passat und Schirokko sind am Ziel«, verkündete Mr. Nemo und rieb sich die weichen, glatten Hände. »Ich hoffe, ich hoffe zuversichtlich, daß euer Vater den Weisungen folgt und meine vier Boten zusammen vom Fabrikdach entläßt. Genau eineinhalb Stunden vor Sonnenuntergang.«

Nick und Betty sahen sich entgeistert an. Sie hatten nicht gewußt, daß die Tauben gleichzeitig und am selben Ort aufgelassen werden sollten. Ihre Botschaften an den Vater hatten ihm ja unmißverständlich bedeutet, die Tauben von vier verschiedenen Plätzen aus fliegen zu lassen!

»Ich habe einen Kollegen – oder sagen wir, einen Verbündeten oder Gewährsmann – in der Firma eures Vaters, der darüber wacht, daß keine fauligen Tricks versucht werden«, teilte Mr. Nemo mit. »Ich hoffe es jedoch nicht.«

»Es heißt faule Tricks«, sagte Betty. »Und ich glaube bestimmt, daß Papa alles so macht, wie Sie es wünschten.«
»Das werden wir sehen«, sagte Mr. Nemo. Sobald er und Edo gegangen waren, berieten sich die Zwillinge flüsternd.
»Stell dir bloß vor, es kommt ein Anruf für Mr. Nemo, daß Papa nicht nach Vorschrift handelt«, meinte Betty.
»Auf Paps können wir uns verlassen. Aber trotzdem wollen wir es auch mit meinem Plan versuchen.«
»Und was wäre das?«
»Das siehst du dann schon – warte nur, bis wir gegessen haben und Edo die Teller abgeräumt hat.«
Mehr wollte Nick nicht sagen, und das machte die Sache äußerst spannend. Sobald Edo das Frühstücksgeschirr weggebracht hatte, schritt Nick zur Tat. Im Badezimmer war ein winziger Spiegel. Nick zerbrach ihn mit dem Schuhabsatz und nahm achtsam einen langen, scharfen Splitter heraus. Dann zog er die Leintücher von beiden Liegen, und Betty mußte die Decken wieder darüberziehen, so daß die Betten wie gemacht aussahen.
Nun begann die zeitraubende und schwierige Arbeit, die Bettücher mit Hilfe des scharfen Glassplitters in etwa handbreite Streifen zu schlitzen. Als alle Tücher zu Streifen verarbeitet waren, sagte Nick zu Betty: »Jetzt drehen wir Stricke daraus. Das kannst du besser, also ist das eine Arbeit für dich. Ich werde Tischtennis spielen. Dann schöpfen sie keinen Verdacht.«
Nach anfänglichem Protest machte sich Betty daran, aus den geschnittenen Streifen vier Seile zu drehen, jedes etwa zwei Meter lang. Nick schlug den Ping-Pong-Ball vom Tisch an die Betonwand, von wo er zurückprallte. Es hörte sich an, als spielten zwei. Als sie Edo mit dem Mittagessen kommen hörten, versteckten sie Stoffstreifen und angefangene Stricke unter einer Liege und taten so, als seien sie müde vom Spielen. Edo warf ihnen nur einen Blick zu und grunzte etwas, offenbar ahnungslos. Sobald er das Geschirr wieder hinausgetragen hatte, machten sie weiter.
»Bei dir geht es zu langsam«, kritisierte Nick. »Ich muß dir wohl helfen.«

»Die Idee ist ja auch von dir«, erinnerte ihn Betty.
Zusammen drehten sie vier ziemlich feste Stricke, jeweils zwei Meter lang. Dann knüpfte Nick eine laufende Schlinge in ein Ende jedes Stricks. Nach Bettys Urteil sahen sie großartig aus, aber Nick verzog unzufrieden das Gesicht.
»Das taugt nichts«, sagte er. »Es klappt nicht.«
»Was klappt nicht?« fragte Betty verständnislos.
»Wir sind nicht stark genug, um mit zwei erwachsenen Männern fertigzuwerden«, sagte Nick. »Und außerdem sind sie zu kurz.«
»Aber was können wir tun?« Betty merkte, wie unbedingt sie Nicks Idee schon vertraut hatte, was sie auch sein mochte.
Nick sah noch ratloser drein. Dann strahlte er.
»Ich hab's!« rief er. »Ich habe gerade eine noch nie dagewesene Waffe entdeckt. Das ist die erste neue Anwendungsart für ein Seil seit der Erfindung des Lassos!«
Betty hielt das für ziemlich handfeste Aufschneiderei, aber das sprach sie nicht aus. Nick nahm zwei Stricke und knüpfte die freien Enden zusammen. Das gleiche tat er mit den anderen beiden Stricken. Damit hatte er zwei Stricke, jeder etwa vier Meter lang und mit zwei Schlingen – einer an jedem Ende.
»Das Lasso mit der Doppelschlinge!« sagte er.
»Wenn wir nicht stark genug sind, um mit vier Stricken gegen Edo und Mr. Nemo anzukommen«, sagte Betty, »dann begreife ich nicht, wieso wir es mit zwei schaffen sollten.«
»Das kommt schon noch«, versprach Nick. »Oh – da kommt Mr. Nemo. Schnell weg mit den Stricken!«
Sie konnten die Stricke gerade noch unter die Liege schieben. Mr. Nemo trat mit ernstem Blick ein.
»Ich habe soeben einen Anruf von meinem Freund in der Firma eures Vaters bekommen«, berichtete er. Nick und Betty warteten mit klopfendem Herzen.
»Er sagt« – Mr. Nemo machte eine Pause –, »daß euer Vater Zephir, Monsun, Passat und Schirokko gerade vom Fabrikdach freigelassen hat, und daß sie hierher unterwegs sind. Sie müßten in knapp einer Stunde hier sein.«

»Ich wußte ja, daß Papa es richtig machen würde«, sagte Betty. »Abendessen gibt es vorläufig nicht. Ich habe nun sehr viel zu tun. Sobald meine Boten eintreffen, müssen wir fort.«

»Fort?« fragte Nick. »Wohin denn?«

»An einen anderen Ort, wo ich ein kleines Laboratorium habe. Ich muß das Rezept selbstverständlich ausprobieren. Oh, ich hoffe sehr, daß es das richtige ist.« Mr. Nemo schnalzte mit der Zunge und ging hinaus.

»Papa schickt doch das richtige Rezept, meinst du nicht auch?« fragte Betty. Ihr Bruder nickte.

»Natürlich. Aber wir müssen trotzdem bereit sein. Paß auf: Um uns in den Lastwagen zu verfrachten, sind sie beide nötig, und wenn sie nun hereinkommen, müssen wir so vorgehen –«

Er erzählte flüsternd von seinem Vorhaben, und Bettys Augen wurden immer größer. Es gehörte zwar zu dem Plan, daß sie den silbernen Glücksanhänger von ihrem Armkettchen opferte, aber sie ließ ihn sich ohne Widerspruch abnehmen.

Nick schraubte eine Glühbirne aus der dreiarmigen Stehlampe und steckte das Silberstückchen in die Fassung. Dann schraubte er die Birne wieder ein, jedoch nur ganz locker.

Als nächstes holte er die beiden Stricke mit den Schlingen hervor und breitete sie der Länge nach aus; dann schob er sie wieder unter die Liege, auf der er mit Betty saß, so daß sie die Stricke rasch hervorziehen konnten. Danach warteten sie mit wachsender Unruhe, bis sie irgendwo über sich ein Glöckchen anschlagen hörten. Im nächsten Augenblick klingelte es nochmals.

»Das ist ein Signal«, flüsterte Nick. »Zwei Tauben sind im Schlag auf dem Dach angekommen. Edo und Mr. Nemo müssen jetzt jeden Moment hier sein.«

Nach nicht ganz fünf Minuten öffnete sich die Tür, und die beiden Männer traten ein.

»Kommt mit, Kinder«, sagte Mr. Nemo. »Zephir und Passat sind zurück. Wir haben zwei Mikrofilm-Kopien von dem wunderbaren Rezept eures Vaters. Nun können wir gehen.«

»Wir kommen nicht mit«, sagte Nick.

»Wir möchten lieber hierbleiben«, setzte Betty hinzu.
»Da!« grunzte Edo. »Ich sage doch, sie machen uns Schwierigkeiten. Aber ich mach' das schon.«
»Nicht so grob, Edo«, sagte Mr. Nemo, als die beiden Männer auf die Liege zugingen, wo Nick und Betty saßen. »Nimm den Jungen. Ich bringe das Mädchen zum Wagen.«
»Komm schon, Junge!« Edo stand vor Nick und streckte die langen Arme aus. Aber Nick war nicht mehr da. Er duckte sich und griff nach einem Seilende unter der Liege. Dann sprang er dicht vor dem überrumpelten Mann hoch, warf Edo die offene Schlinge über den Kopf und zog zu.
»Schnell, Betty!« rief er und bückte sich nach dem zweiten Strick. Betty arbeitete so reibungslos mit, als hätten sie stundenlang geübt. Sie hielt das andere Ende des ersten Stricks, und als Mr. Nemo Nick und Edo entgeistert anstarrte, sprang sie los, ließ ihre Schlinge über Mr. Nemos Kopf fallen und zog das Seil an.
Die beiden Männer waren somit – obwohl sie es noch nicht bemerkt hatten – mit demselben Strick gefesselt, und die beiden Schlingen würden sich immer fester zuziehen, je heftiger sie voneinander loszukommen strebten.
Edo war zunächst nicht behindert. Er brüllte vor Wut und versuchte nochmals, Nick zu packen. Aber Nick kniete mit dem zweiten Strick am Boden. Als Edo einen seiner großen Füße hob, streifte Nick die Schlinge darüber und zog sie um den Knöchel fest. Edo drehte sich mit wildem Gegrunze um. Dabei zerrte er natürlich an dem Strick, der ihn und Mr. Nemo verband.
Der plötzliche Ruck im Genick riß Mr. Nemo zu Boden. Er quiekte wie ein verängstigtes Ferkel. Betty legte die andere Schlinge um eines seiner Beine. Und während Edo an dem Strick um seinen Hals riß, wobei der kleine dicke Mr. Nemo jedesmal einen heftigen Ruck abbekam und noch lauter kreischte, sprang Nick auf die Füße.
Er lief zur Lampe und schraubte die locker eingesetzte Glühbirne fest auf das Silberstückchen in der Fassung.
Es gab ein Zischen, und plötzlich wurde es im Keller und im Erd-

geschoß des Hauses finster – der Kurzschluß in der Lampe hatte eine Sicherung durchgebrannt. Der Raum war nun stockdunkel.
»Betty – die Tür!« rief Nick.
Sie hatten sich beide genau gemerkt, wo die Tür war, und stürzten geradewegs darauf zu. Es krachte dumpf, als Edo, der kopflos in der Dunkelheit umhertappte, auf Mr. Nemo fiel. Nick stolperte über die beiden, entging aber den nach ihm greifenden Händen und kroch auf allen vieren zur Tür, wo er gegen Bettys Beine prallte.
Er stand auf. Hinter ihnen wälzten sich die beiden Männer am Boden, mühten sich verzweifelt, aus den Schlingen freizukommen, und merkten im Dunkeln nicht, daß jeder am anderen verankert war und daß jede Bewegung des einen den anderen in seinem Freiheitsdrang hinderte.
Nick und Betty tasteten sich aus dem Raum, schlossen die Tür hinter sich und riegelten ab. Draußen horchten sie einen Augenblick auf das Gepolter und Geschrei der beiden aneinandergefesselten Männer.
»Nick, eine herrliche Erfindung«, flüsterte Betty.
»Wir wären nicht mit ihnen fertiggeworden«, gab Nick zurück. »Aber weil wir sie gegeneinander kämpfen ließen, ist uns das erspart geblieben. Komm jetzt, wir müssen die Treppe suchen.« In der Finsternis tappten sie zur Treppe und die Stufen hinauf. Im Erdgeschoß ließen die Fenster genügend Licht ein, so daß sie ihre Umgebung erkennen konnten. Sie stürzten zur Haustür, und im nächsten Augenblick standen sie auf der Straße, vor sich Reihen niedriger Ziegelbauten und das unvertraute Bild einer fremden Stadt gegen den Himmel.
Als sie noch dastanden, fuhr eine dichtbesetzte Limousine mit hoher Geschwindigkeit heran und hielt. Im Zweifel, ob Feind oder Freund sie erwartete, waren Nick und Betty schon sprungbereit, als sich eine große, vertraute Gestalt herausschwang.
»Nick!« rief der Mann. »Betty!«
»Paps! ... Papa!« Freudig liefen sie ihm entgegen.
Sobald sie ihr Staunen und ihre Erleichterung gemeistert hatten,

berichteten die Zwillinge ihrem Vater von Edo und Mr. Nemo im Keller. Ohne Zögern nahmen die anderen Männer im Wagen ihre Taschenlampen und gingen hinunter.
»Passen Sie aber auf«, sagte Betty. »Ich fürchte, Edo ist jetzt ziemlich wild.«
»Ich hoffe nur«, fügte Nick gedankenvoll hinzu, »daß er mit seinem Gestrampel Mr. Nemo nicht den Hals gebrochen hat.«

Die Geschichte hat sich bereits so sehr ihrem Ende genähert, daß es mir völlig unnötig erscheint, mich einzumischen und euch zu fragen, wie es kam, daß Mr. Layton zum genau richtigen Zeitpunkt und am genau richtigen Ort auftauchte. Sicherlich ist es euch inzwischen gelungen, die wirkliche Bedeutung der Nachrichten mit jenem sonderbaren Inhalt zu entziffern. Wenn nicht, so ist es ein Glück, daß Nicks und Bettys Rettung nicht von euch abhing. Auf jeden Fall seien diejenigen, welche – wie Mr. Nemo – unbedingt alles bis aufs i-Tüpfelchen wissen müssen, höflich auf Seite 122 verwiesen, wo das Rätsel sich so einfach löst, daß es selbst ein Erwachsener begreifen kann.

Ein eckiges Problem

Justus bastelt gerade in seiner Werkstatt herum, als Bob ankommt. »Hier habe ich etwas für dich, Just. Wetten, daß du diese fünf Dreiecke nicht zu einem Quadrat zusammensetzen kannst? Du darfst eines – aber nur eines – in zwei Teile zerschneiden.« Der Erste Detektiv sieht sich die Dreiecke bedächtig an. Schließlich sagt er: »Kinderleicht, Bob. Das schaffe ich in einer Minute.«

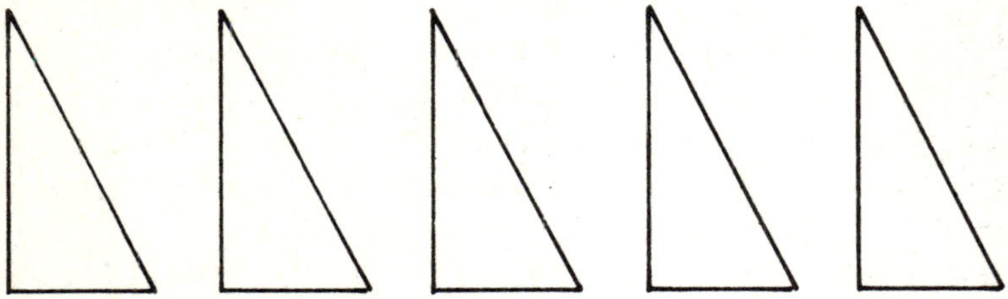

Kannst du es Justus nachmachen? Pause vorher die Dreiecke auf ein Blatt Papier durch und schneide sie dann aus.

Vorsicht, Taschendiebe!

Ein Freund der drei ??? hat eine Kamera geschenkt bekommen und probiert sie im Stadtpark aus. Plötzlich beobachtet er, daß vier Taschendiebe in der Menschenmenge am Werk sind! Rasch drückt er auf den Auslöser und hofft, daß seine Photoausbeute der Polizei bei der Fahndung nach den Tätern von Nutzen sein wird. Als der junge Photograph aber die fertigen Aufnahmen sieht, ist er bitter enttäuscht. Zwei Gesichter sind nur halb zu sehen, und auf zwei Bildern ist der Kopf überhaupt nicht drauf!

1

2

3

4

Justus Jonas hingegen nickt zufrieden, als er die Bilder sieht, die der Junge sonst noch im Park aufgenommen hat. »Ich glaube, deine Photos sind für die Polizei sehr nützlich.«
Du kannst das selbst nachprüfen. Betrachte zuerst die vier Bilder oben ganz genau. Dann suche die aufgenommenen Einzelheiten in dem großen Bild auf den nächsten beiden Seiten.

Wo sind die vier Diebe?

Diese Aufnahme machte der Photograph, ehe ihm die Taschendiebe auffielen. Kannst du die vier Übeltäter in der Menge entdecken?

Der Pharaonenschatz

Bei einem Besuch im Universum-Filmstudio dürfen die drei ??? in alten Filmkulissen spazierengehen. Dort wartet eine gelinde Überraschung auf sie. Neugierig öffnen sie eine Tür, die mit dem Filmtitel »Der Pharaonenschatz« beschildert ist – und finden sich in einem Labyrinth von Gängen und Räumen gefangen.
Kannst du dich in diesem Irrgarten zurechtfinden? Erst suche den Weg zur Schatzkammer, danach den Ausgang. Viel Spaß und viel Glück!

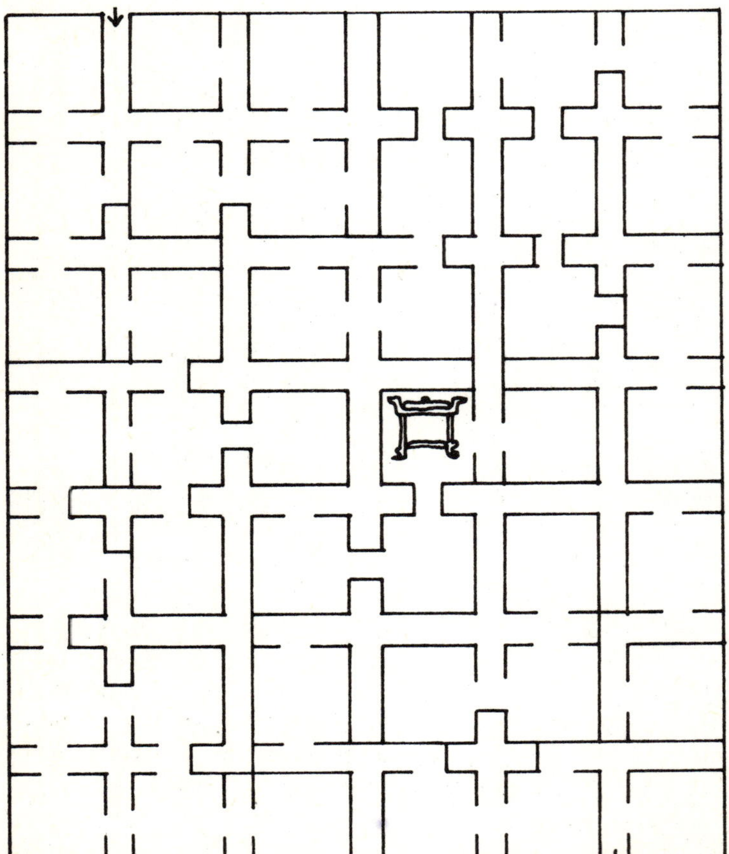

Der Schatz wird gehoben

Als die Jungen auf ihrem Weg durch das Labyrinth die Schatztruhe gefunden und geöffnet haben, müssen alle drei laut loslachen. Na, was war darin versteckt?
Um mitlachen zu können, mußt du ein Rätsel lösen. Erst trägst du die in Punkt 1–4 umschriebenen Wörter Buchstabe für Buchstabe auf den numerierten Zeilen ein. Danach füllst du die numerierten Kästchen des darunterstehenden Schemas mit den ermittelten Buchstaben. Nicht gerade ein wertvoller Schatz, aber dennoch willkommen!

1. Fluß in Ägypten

   — — —
   1 2 3

2. Hauptstadt von Ägypten

   — — — — —
   4 5 6 7 8

3. Alter Name der ägyptischen Stadt Luxor

   — — — — — —
   9 10 11 12 13 14

4. Was war so wertvoll in den Gräbern der Pharaonen?

   — — — —
   15 16 17 18

18	7	13	2

4	6	1	16	4	5	7	9	11	14

12	5	3	4	8	1	17	16	15	13

Der Schein trügt

Immer noch befinden sich die drei ??? auf ihrem Rundgang durch das Universum-Filmstudio. Nächster Aufenthalt im Ateliergelände ist eine alte Villa, Schauplatz des Films »Mord in der Dämmerung«. Justus, Bob und Peter ziehen getrennt los, um das Gebäude zu erkunden. Peter spaziert durch einen dunklen Gang und betritt ein geräumiges Wohnzimmer.
»Ach du Schreck!« Vor Peters Augen liegt ein regloser Körper ... in einer Blutlache! Peter stürzt aus dem Zimmer, um seine Freunde zu holen.
Gleich darauf stehen sie zu dritt im Raum. Doch nun liegt da kein Toter mehr auf dem Fußboden.

»Ich bin aber hundertprozentig sicher, daß ich auf dem Fußboden hier in diesem Zimmer eine Leiche und viel Blut gesehen habe! Ganz bestimmt!« stammelt Peter.
Justus blickt sich bedächtig um. »Bist du ganz sicher, daß das derselbe Raum ist? Es könnte ja ein Trick sein, wie ihn die Filmleute manchmal anwenden – eine Art Drehbühne, die zwei scheinbar genau gleiche Räume zeigt. Doch bei näherem Hinsehen lassen sich Unterschiede feststellen.«
»Aha. Ich glaube, du hast recht«, muß Peter zugeben. »Ich sehe jetzt, daß vieles doch anders ist als vorhin.«

Kannst du mindestens 15 Einzelheiten entdecken, die sich in den beiden Bildern voneinander unterscheiden?

P.S. Übrigens – Peter hätte sich natürlich nicht gar so sehr zu gruseln brauchen. Der »Tote« war eine Puppe!

Langfinger am Werk

Auf dem Rummelplatz fehlt jeden Abend Geld aus der Kasse im Büro des Direktors. Tagsüber kassiert der Chef alle zwei Stunden bei den Schaustellern und Buden, dann verwahrt er das Geld in der Kasse. Und abends beim Abrechnen ist es dann immer zu wenig! Der Chef des Unternehmens »Rummelplatz« vermutet den Dieb in den eigenen Reihen. Er bittet die drei ??? um Hilfe. Sie arbeiten einen Samstag lang als Abfallsammler, damit sie sich im Gelände frei bewegen können und nicht als »Spione« auffallen. Natürlich dürfen sie sich nicht miteinander unterhalten. Daher verständigen sie sich mittels verschlüsselter Nachrichten in ihrem Code-Alphabet (siehe Seite 54). Diese Mitteilungen deponiert der Schreiber jeweils in der Herrentoilette, nämlich mit Klebeband unter dem Handtuchspender befestigt.

Als erstes findet sich eine Nachricht von Peter:

ABQI HJJF SJGA PROA BIOS APKP SI

Wie heißt das im Klartext?

Darauf hat Justus etwas mitzuteilen. Schreibe den Text im Geheimcode der drei ??? nieder:

Bob beschattet ihn bis vier, Peter bis sechs.

Nun Bob:

ABQI HJJB IOSA PKHO APLE AUZH

Dann Peter:

ABQI HJJV BAZA PIHF ZHEH ODAB
JAFS QRIA EP

Justus meldet sich wieder:

RPAU UAJO ABIO SAPK SIQB AOAJ VAJJ
LEAU AQQA JGAE R

Auf Seite 127 findest du Justus' Mitteilung im Code, außerdem die entschlüsselten Texte und den Schluß der Geschichte.

Alphabet im Quadrat

Justus hat für Bob und Peter – und für dich – wieder einen neuen Zahlencode ersonnen. Mit Hilfe eines Quadrats verschlüsselst du das Alphabet, wie es die Zeichnung zeigt:

	1	2	3	4	5
1	A	B	C	D	E
2	F	G	H	I	J
3	K	L	M	N	O
4	P	Q	R	S	T
5	U	V	W	X	Y/Z

Ein nach diesem Zahlencode verschlüsseltes Wort sieht beispielsweise so aus:

25 – 51 – 44 – 45 – 51 – 44

Nun, was heißt das im Klartext?

Und so funktioniert der Code: Jeder Buchstabe des Alphabets wird im codierten Text durch eine zweistellige Zahl ausgedrückt. Um 25 zu entziffern, suche im Quadrat die Reihe 2 (senkrecht) auf und in dieser Reihe die Spalte 5 (waagrecht). In dem Feld, wo sich

Reihe 2 und Spalte 5 treffen, findest du den Buchstaben für die Ziffer 25: J.
Weitere Beispiele zum Üben: Nummer 35 (3 runter, 5 rüber) ist der Buchstabe O, Nummer 44 (4 runter, 4 rüber) ist der Buchstabe S. Alles klar?

Hier ist eine dringende Mitteilung von Bob an Peter. Wie lautet sie?

24–13–23 12–24–34 41–32–15–24–45–15
32–15–24–23–44–45 14–51 33–24–43
14–43–15–24 33–11–43–31

Bob und Peter macht es Spaß, einander mit Scherzfragen und Rätseln hereinzulegen. Als zusätzliche Knobelei hat Peter hier ein paar seiner Spezialitäten verschlüsselt:

1. Was gehört nur einem einzigen Menschen und wird doch meistens von anderen gebraucht?

   14–15–43 34–11–33–15

2. Was ist die Lieblingsnahrung eines Vegetarier-Vampirs?

   12–32–51–45–35–43–11–34–22–15–34

3. Wer es macht, der will es nicht,
   Wer es kauft, der braucht es nicht,
   Wer es hat, der weiß es nicht.

   14–15–43 44–11–43–22

4. Je mehr es zu fressen bekommt, desto gieriger wird es, und wenn es alles gefressen hat, dann stirbt es.

   14–11–44 21–15–51–15–43

5. Was ist gelb und fährt immerzu auf und ab?

   12–11–34–11–34–15–34–44–13–23–11–32–15
   24–33 11–51–21–55–51–22

Lösungen
und Tips zum Selbermachen

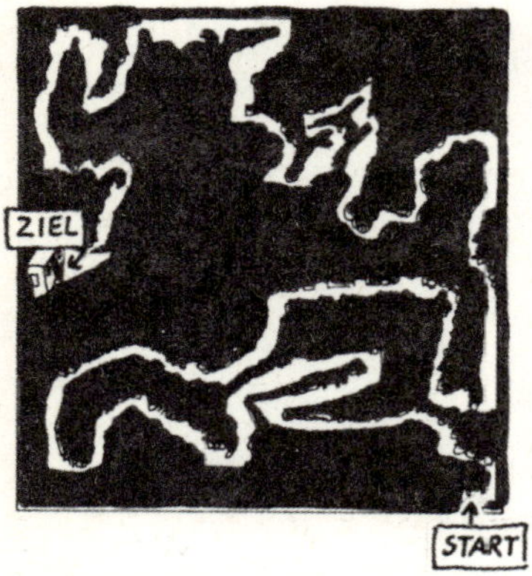

Der Schrottplatz wird zum Labyrinth (Seite 8)

Das »photographische« Gedächtnis (Seite 9)
Die Lösung ist klar, aber hier kommt unser erster Tip zum Selbermachen: Versammle 10 kleine Gegenstände auf einem großen Tablett. Setze es deinen Freunden je nach gewünschtem Schwierigkeitsgrad 10, 20 oder 30 Sekunden lang vor. Dann muß jeder auf einem Zettel notieren, was ihm im Gedächtnis blieb. Um die Aufgabe noch zu erschweren, fragst du nicht nur nach den Bezeichnungen der Gegenstände, sondern auch nach ihrer Farbe!

Rätselhaftes Kunstwerk (Seite 11)
In der »Graphik« lassen sich 54 Dreiecke finden.

Wer hat gelogen? (Seite 12)
Donna sagte nicht die Wahrheit. Die Sonne geht im Westen unter. Das Musikzimmer hat allerdings nur Fenster nach Osten, und daher kann Donna den Sonnenuntergang nicht beobachtet haben. Wenn dir noch nicht klar ist, wie die Himmelsrichtungen dem Grundriß des Hauses zugeordnet werden, so sieh nach, wie die Küste Kaliforniens verläuft!

Der magische Kreis (Seite 14)

PHANTOMSEE – TEUFELSBERG – GEISTERINSEL heißt die richtige Lösung. Hier gibt es wieder einen Tip zum Selbermachen: Du zeichnest ein Kreisschema wie bei dem Beispiel hier im Buch und wählst verschiedene Wörter aus (zwei längere oder drei, vier kürzere, vielleicht auch einen kurzen Satz; zusammen etwa 20 bis 30 Buchstaben), die deine Freunde durch Abzählen im Kreis ermitteln sollen. Läßt sich die Buchstabengesamtzahl durch 3 teilen, so zähle 1 hinzu; andernfalls beläßt du es bei der errechneten Zahl. Teile nun das kreisförmige Band in die entsprechende Anzahl Felder ein. Beginne bei einem beliebigen Feld und trage die Buchstaben deiner Wörter fortlaufend ein, indem du immer zwei Felder überspringst. Bei einer Buchstabenanzahl, die nicht durch 3 teilbar ist, geht es genau auf; mußtest du vorher 1 hinzuzählen, so bleibt ein Feld leer, und dieses füllst du mit dem Symbol ???. Als Beispiel hier die Übermittlung einer verschlüsselten Botschaft (auch dazu läßt sich das hübsche Rätsel verwenden): KOMMT UM ELF ZU MIR. Das sind 15 Buchstaben, also fügst du 1 hinzu und teilst dein Kreisband in 16 Felder ein.

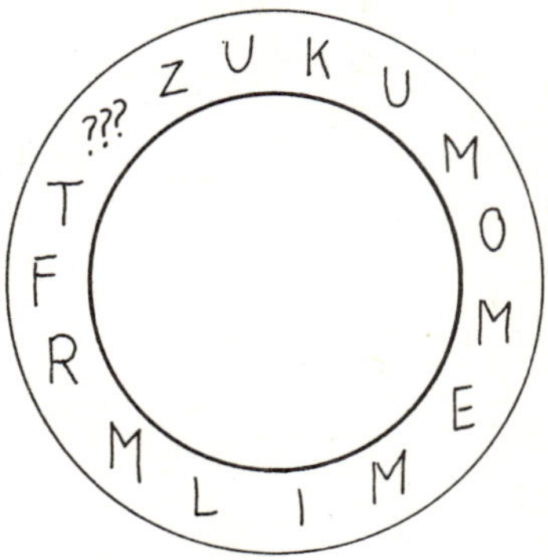

So sieht es aus, wenn es fertig ist. Den Beginn markierst du mit einem Pfeil, aber du kannst auch eine zusätzliche Schwierigkeit einbauen und den Anfang nicht markieren; dann muß der Rätsellöser nach dem Herausbuchstabieren Anfang/Ende der Kette selbst finden.

Bob als Augenzeuge (Seite 15)

Der Dieb war nicht schlau genug (Seite 18)

Die verbleibenden Buchstaben fügen sich zusammen zu: SPORTHAUS RICHARDS, VIER TENNISSCHLAEGER, WASSERBALL, ZWEIMANNZELT.
Die Polizei überwachte das Sportgeschäft und ertappte die Diebe zwei Tage später auf frischer Tat!

K	T	S	B	P	O	R	T	K	H	A	U
S	A	R	I	I	C	H	A	L	R	D	S
V	N	S	I	P	R	I	M	E	L	E	E
R	N	T	T	L	T	K	R	E	S	S	E
E	E	U	N	A	N	E	E	I	O	I	S
A	S	L	C	T	N	H	R	R	N	L	A
K	W	P	E	A	E	I	N	G	N	E	R
E	E	E	I	N	L	E	E	F	E	U	W
L	I	L	I	E	K	A	S	D	N	L	S
E	D	E	R	C	E	B	N	A	H	M	L
I	E	L	E	Z	H	I	W	E	U	E	I
M	A	H	N	N	L	E	Z	E	T	L	T

Irrfahrt im Rolls-Royce (Seite 20)

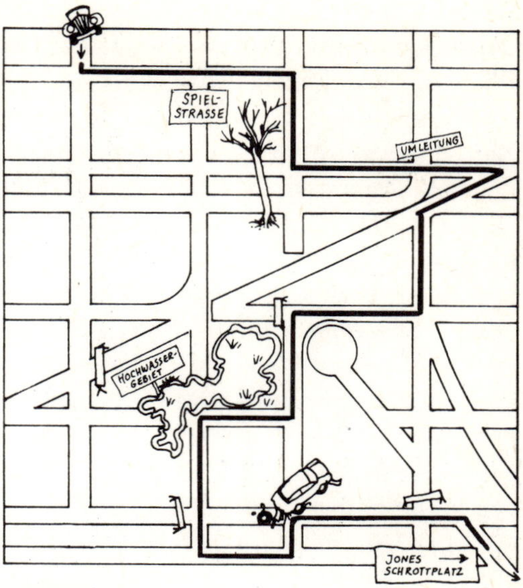

Nachricht für Peter (Seite 21)

BESCHATTEN MANN MIT RUCKSACK UND LATERNE BEI HOEHLE NORD.

Tip zum Selbermachen: Zähle die Buchstaben der Nachricht, die du übermitteln möchtest. Beispiel: DIE LUFT IST WIEDER REIN. Das sind 20 Buchstaben. Nun wähle ein Codewort, Beispiel: SCHWALBE. Zusammen ergeben sich damit 28 Buchstaben. Daraus kannst du ein Buchstaben-Rechteck 4 × 7 machen.

Nun trage die Buchstaben deiner Botschaft, unterbrochen durch die Buchstaben des Codewortes, zeilenweise von oben nach unten ein. Wie du siehst, ergibt das einen schön »gemischten Salat«. Richte es immer so ein, daß Botschaft plus Codewort eine Buchstabenanzahl ergeben, womit sich ein Kästchen-Rechteck bilden läßt.

D	S	I	E
C	L	U	H
F	T	I	S
T	W	W	I
E	D	A	E
L	R	B	R
E	E	I	N

Das Rätsel der sieben verdrehten Uhren (Seite 22)

Eine seltsame kleine Schar versammelte sich noch am selben Abend im großen Hinterzimmer von Fritz Sandors Uhrenklinik. Zunächst waren das Kriminalkommissar Magru und ein halbes Dutzend Polizisten. Dann kamen die fünf Tatverdächtigen: Jack Harrison, Bill Laden, Joseph Finchly, Bob Rogers und Thomas Fentriss. Danny Magru hielt sich im Hintergrund, nervös vor Spannung. Und schließlich war Peter Perkins anwesend.

Peter aber war unkenntlich. Er trug ein weißes Gewand, einen riesigen Turban und einen sehr echt wirkenden falschen Bart – das alles stammte aus einem Kostümverleih.

Die Zusammenkunft war seine Idee. Nachdem Danny Magru seinen Vater dazu bewogen hatte, sich anzuhören, was er und Peter herausgefunden hatten, hatte Peter den Kommissar darauf hingewiesen, daß nun zwar der Name des Mörders bekannt sei, aber noch kein Indiz existiere. Der Täter könne jedoch zu einem Geständnis veranlaßt werden. Nach langem Hin und Her hatte Magru seine Zustimmung erteilt.

In seiner Verkleidung saß Peter an einem kleinen Tisch. Die Verdächtigen saßen ihm im Halbkreis gegenüber. Die Tür war von Polizisten bewacht.

»Also, Leute«, sagte Magru barsch, »ihr seid alle hier freiwillig versammelt, um uns bei der Aufklärung des Mordes an Fritz Sandor zu helfen, denn ihr wart seine Freunde. Ich erkläre euch jetzt, worum es geht. Prinz Ali hier« – er wies auf den verkleideten Rätselonkel – »ist ein Magier. Gestern nacht erhielt er von Fritz eine Botschaft aus dem Jenseits. Sie besagte, daß die Uhren, die Fritz in seiner Todesnacht beim Aufziehen verstellte, den Namen des Mörders nennen würden. Aber als wir hierherkamen, waren die Uhren alle abgelaufen.«

Es stimmte. Keine der Uhren tickte mehr. Die Polizei hatte sie nicht aufgezogen.

»Nun«, fuhr der Kommissar fort, »Prinz Ali wird versuchen, heute abend erneut mit Fritz Sandors Geist Verbindung aufzunehmen, um zu erfahren, wer ihn getötet hat.«

In der kleinen Gruppe der fünf Männer regte sich Unbehagen, aber keiner von ihnen protestierte. Peter wußte, daß der Mörder sich daran erinnerte, wie Fritz die Uhrzeiger verdreht hatte. Ihm würde jetzt nicht wohl in seiner Haut sein.
»Also los«, sagte Magru. »Wir schalten jetzt das Licht aus und überlassen das Weitere Prinz Ali.«
Peter Perkins schloß die Augen wie in tiefer Meditation. Plötzlich gingen alle Lichter aus, und der Raum war stockfinster. Peter ließ eine lange Minute verstreichen, ehe er mit dumpfer Grabesstimme zum Sprechen ansetzte.
»Fritz Sandor«, sagte er, »bist du da? Ist dein Geist gegenwärtig?«
Man hörte im Raum keinen Laut außer dem erregten Atmen der anderen Männer. Einer hustete nervös.
»Fritz Sandor«, sagte Peter, »im Leben hattest du keine Stimme. Wenn du nicht sprechen kannst, so begreifen wir das. Gib dich auf andere Weise zu erkennen. Bist du hier?«
Ganz langsam wurde über den Köpfen der Anwesenden das Wort J-A sichtbar – nur ein blaßblaues Glimmen, gleichsam in die Luft geschrieben.
Jemand ließ ein ersticktes Keuchen hören. Das Wort verschwand.
»Ist dein Mörder hier unter uns?« fragte Peter.
Wieder glomm das Wort J-A wie ein blaßblaues Feuer in der Luft auf.
Jemand unterdrückte gewaltsam einen Aufschrei.
»Wurdest du vorgestern um Mitternacht getötet?«
Diesmal erschienen die Buchstaben N-E-I-N im leeren Raum.
»Wurdest du um halb zehn Uhr getötet?«
J-A.
»Hast du uns eine Botschaft hinterlassen, die den Verbrecher entlarvt, indem du die Zeiger verstelltest, als er dich zwang, die Uhren aufzuziehen?«
J-A.
Jemand atmete hastig und vernehmlich.
»Die Uhren sind stehengeblieben. Nenne uns den Namen nochmals auf andere Weise.«

Ein Stuhl knarrte, als ob sich in der Finsternis jemand zum Aufstehen anschickte. Einen endlosen Augenblick lang geschah gar nichts. Dann schimmerte auf dem Glasdeckel einer der alten Standuhren der Buchstabe F in schwachem blauem Licht. Es folgte ein I, dann ein N, dann ein C, dann H, ein L, ein Y. Da leuchtete es ausgeschrieben in der Dunkelheit F-I-N-C-H-L-Y.

»Nein!« rief jemand. »Ich war es nicht! Ich war es nicht!«

Man hörte hastiges Füßegetrappel und einen lauten Aufschrei.

»Licht!« befahl Magru.

Das Licht ging an. Alle sahen Finchly, den Friseur, der an der Tür mit einem Polizisten rang.

»Er wollte mich verraten«, rief der dicke Mann laut. »Er hatte gemerkt, daß ich heimlich in meiner Wohnung Pferdewetten annehme und ein privates Zahlenlotto mache. Er wollte mich verraten!«

»Schon gut«, sagte Magru. »Nehmt ihn mit zur Wache. Ich meine, unsere kleine spiritistische Sitzung ist vorüber.«

Viel später klopfte Magru seinem Sohn stolz auf die Schulter und sah Peter Perkins strahlend an.

»Der Junge hier wird mir Kriminologie studieren«, sagte er.

»Aber sagen Sie, Peter, wie sind Sie bloß auf die Idee mit diesem blauen Licht und den gemalten Buchstaben auf Musselinstreifen gekommen, die meine Leute in die Höhe halten mußten, während Danny eine ultraviolette Lampe daraufrichtete?«

»Ach, das«, sagte Peter. »Nun, gestern geriet ich zufällig in das »Haus der Schrecken«, und da fiel mir auf, wie furchterregend diese Leuchtfarbe mit ultraviolettem Licht wirken kann. Ich habe mir von Finchly schon hundertmal die Haare schneiden lassen und weiß, daß er abergläubisch ist – er trägt eine Hasenpfote bei sich und macht seinen Laden nicht auf, wenn der Dreizehnte auf einen Freitag fällt. Da dachte ich mir, daß er mit einem Mord auf dem Gewissen die Nerven verlieren müßte.«

»Und das tat er«, sagte Magru. »Peter, wenn Sie das nächste Mal eine Theorie entwickeln, höre ich auf Sie. Jawohl, darauf können Sie sich verlassen.«

Er klopfte dem Rätselonkel so kräftig auf die Schulter, daß diesem der Turban vom Kopf fiel. Aber Peter faßte es als Kompliment auf.

Alfred Hitchcock meint: »*Wenn ihr wieder einmal einem Geist begegnet, so nehmt ihn nicht ernst – zweifellos ist es nur ein Rest Leuchtfarbe; es sei denn, ihr hättet ein schlechtes Gewissen. Falls noch irgendwelche Zweifel an euch nagen, wie Fritz Sandors geniale Nachrichtenübermittlung funktionierte, so nehmt ein paar Uhren zur Hand (möglichst nicht gerade die besten Familienstücke!) und setzt die Folgerungen von Peter Perkins und Danny Magru in die Tat um. Dreht nur die Uhrzeiger wie beschrieben; ich meine, ihr müßtet merken, wie einfach, glatt und genau alles aufgeht. Sollte es nicht der Fall sein, so werde ich allen Tadel unbarmherzig auf den Druckfehlerteufel abwälzen...*
Und der Hinweis, den ich erwähnte und der Peter entging? Wirklich, ich verrate euch das ausgesprochen ungern. Es ist so einfach, daß ich... Na schön, wenn ihr es unbedingt wollt: Blättert zurück, und ihr werdet finden, daß genau sieben Uhren verstellt wurden, um die chiffrierte Nachricht zu übermitteln. Es gab aber nur einen Verdächtigen, dessen Name sieben Buchstaben hatte. Deshalb hättet ihr in Finchly den Täter leicht herausfinden können, nicht wahr? Und wenn ihr die Uhren schon nicht gezählt habt – bitte, wie heißt unsere Geschichte? Na also! Auf den wichtigsten Anhaltspunkt, den ihr brauchtet, hat man euch mit der Nase gestoßen. Doch so leicht ist zu übersehen, was offen zutage liegt, nicht wahr?

Ein Pudel wird entführt (Seite 44)

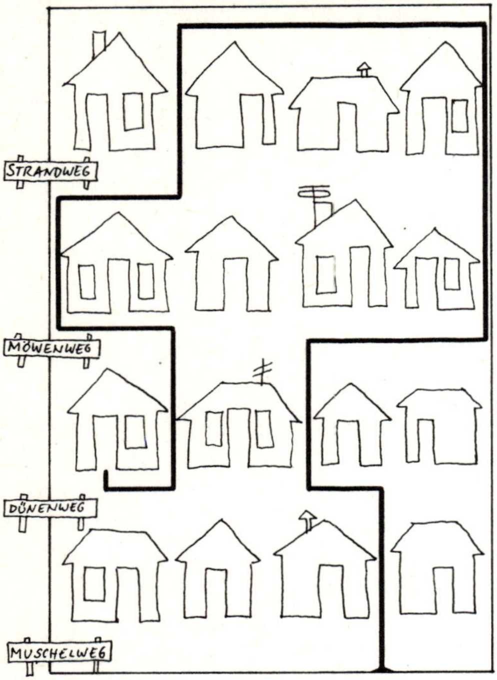

Rache ist süß (Seite 46)

»Guten Morgen, Freunde. Ich stehe nicht und sitze nicht. Ich höre nichts und sehe nichts. Vier Beine tragen mich. Kommt um zehn Uhr wieder.« Justus schläft noch eine Runde in seinem Bett!

Tip zum Selbermachen: Das Verfahren ist ganz einfach, die Verwirrung kann sehr groß sein! Du schreibst eine Mitteilung in Druckbuchstaben auf Papierstreifen und zerschneidest die Streifen ein paarmal zwischen den Wörtern. Mischen – fertig! Bei einer sehr kurzen Nachricht kannst du auch die Buchstaben ohne die Wortabstände fortlaufend aufschreiben und die einzelnen Wörter mittendurch schneiden, etwa so:

BI NIMS CHWI MMB ADKOM MTN ACH

Die Wartezeit vertreiben (Seite 47)

1. 

2. 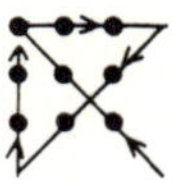

3. 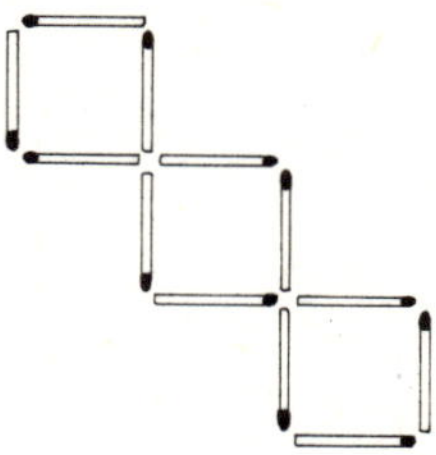

4. 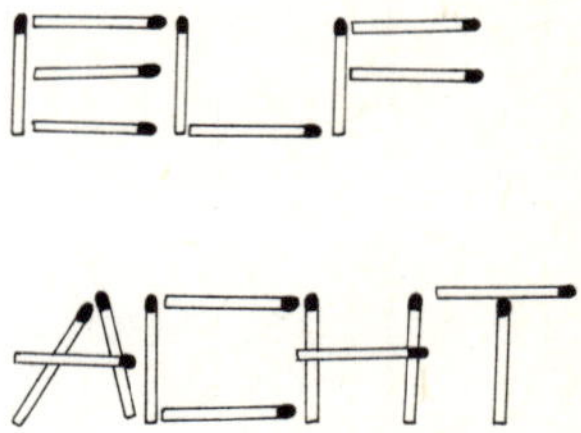

Schau ganz genau hin (Seite 48)

Falls sich Frage 10 und 11 als schwierig erweisen: Sieh dir die Fahne an, und achte darauf, wie die Leute angezogen sind!

Die lieben Verwandten (Seite 51)

Der geraubte Drache (Seite 52)

1 – G, 2 – E, 3 – A, 4 – F, 5 – C, 6 – B, 7 – H, 8 – D.

Eine Botschaft verschlüsseln (Seite 54)

a) IKPG AJHO AJZQ BAOA JSEP
b) Kann leider nicht kommen

Der Zehn-Fragen-Test (Seite 56)

A. Blei- oder Farbstift
B. Taschenlampe
C. Fuß

Flucht vom Tatort (Seite 58)

Besuch im Gespensterschloß (Seite 60)

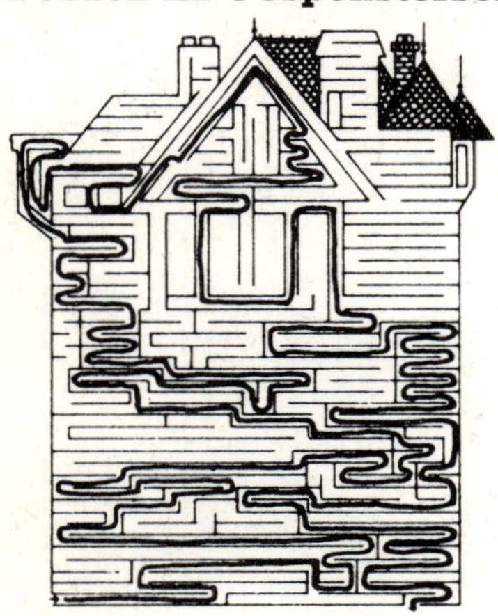

Katzenkorb (Seite 61)

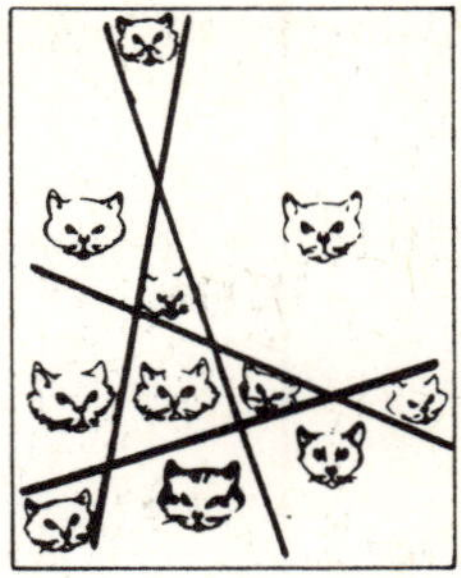

Das gefälschte Testament (Seite 62)

Die Fälschung stammt von Georgette Munsey. Die Ausprägung der Schleifen am g und y ist der deutlichste Hinweis. Hinzu kommen die erkennbare, aber nur leichte Schräglage der Schrift, die Form des t und die Einrollungen bei a, e, d, g.

Aus dem Gruselkabinett (Seite 64)

Alle drei Grusel-Gestalten sind gleich groß. Prüfe es ruhig mit einem Maßstab nach!

Wer die Wahl hat . . . (Seite 65)

Halskette Nr. 2 gehört Mrs. Rothbottom.

Entlaufen – entflogen (Seite 66)

1 K	2 A	R	P	3 A	4 T	5 E	N	6 H	U	7 N	D
8 I	A			9 U	R	I		A		U	
10 E	L	F			O		11 A	G		12 N	O
L			13 R	A	E	14 T	S	E	L		
	15 H	16 A	E	N	D	E		L			
17 S	A	U	S		18 E	I	S		19 T	I	20 P
21 P	A	S	T	E	L	L		22 E	R		A
23 O	R	T						24 S	A	25 A	L
R		E		26 B	27 I	S	28 S		29 U	L	M
30 T	31 A	R	Z	A	N		32 T	O	R	T	E
	L			E			O		I		
33 S	U	P	E	R	P	A	P	A	G	E	I

Das Rätsel der vier Winde (Seite 69)

»Ach, ich begreife einfach nicht.« Mr. Nemos große braune Augen blickten betrübt und verwirrt. Stirn und Kinn waren mit Heftpflasterverbänden geschmückt, und um den Hals hatte er einen Wickel, den er von Zeit zu Zeit sacht betastete. Er saß in dem von Mr. Layton gemieteten Hotelzimmer steif auf einem Stuhl, vor sich Nick, Betty und den Vater. Ein großer, gutgekleideter Mann bewachte den Ausgang.

»Mein Plan war so klug«, sagte Mr. Nemo. »Alles ging gut. Sie ließen meine Tauben von Ihrer Fabrik aus frei, genau wie ich es vorgeschrieben hatte. Aber Sie standen fast zur gleichen Zeit, als die Tauben zurückkamen, vor meiner Tür.«

Er sah Nick und Betty an.

»Ich verstehe nun, wie ihr Edo und mich aneinandergefesselt habt«, sagte er. »Das war klug ... aber es war unfreundlich. Ich wollte euch wahrhaftig nichts antun.«

»Oh, wir hatten Vertrauen zu Ihnen, Mr. Nemo«, sagte Nick. »Nur Edo trauten wir nicht. Und auf alle Fälle konnten wir Sie nicht Paps' Rezept stehlen lassen, oder? Also haben wir Paps geschrieben, wie er sich und die Kripo von Ihren Tauben direkt zu Ihnen führen lassen konnte.«

»Aber das ist nicht möglich«, protestierte Mr. Nemo. »Vier Tauben kann niemand über fast hundert Kilometer beobachten, unter Tausenden von anderen Vögeln – selbst nicht vom Flugzeug aus.«

»Das haben wir gar nicht erst versucht«, erklärte ihm Mr. Layton. »Als Ihr Beobachter – den Sie doch sicher postiert hatten – Sie anrief und Ihnen sagte, er habe mich vier Tauben vom Fabrikdach freilassen gesehen, merkte er nicht, daß er jemand anderen beobachtet hatte, der als mein Doppelgänger maskiert war. Auch die Tauben waren nicht dieselben. Denn sobald die Tauben und Ihre Anweisungen mit der Nachricht von meinen Kindern eingetroffen waren, gingen die Polizei und ich an die Arbeit. Wir suchten jemand, der mir ähnlich sah, und schmuggelten ihn mit einem Korb Tauben in den Betrieb, damit er sie zur rechten Zeit freilassen konnte. Als das vorbereitet war, machten wir für die richtigen

Tauben weitere Pläne. Wir benachrichtigten die Kriminalpolizei und ließen die vier Tauben einzeln von weit auseinanderliegenden Plätzen starten. Sobald sie frei waren, kreisten sie eine Zeitlang, schlugen dann ihre Richtung ein und flogen schnurstracks nach Hause. Dabei stellten Leute mit Ferngläsern und Kompaß die genaue Flugrichtung fest. Sie flogen alle nach Nordwesten, aber aus verschiedenen Winkeln, da sie ja von verschiedenen Punkten ausgegangen waren. Die Flugrichtungen wurden mir und den Kriminalbeamten telefonisch zum nächsten Flugplatz durchgegeben. Mit Bleistift zeichneten wir die vier Luftlinien in eine große Karte ein. Und da natürlich alle vier Tauben auf die Stadt hier zuflogen, schnitten sich die vier Linien im entsprechenden Punkt.«
»Das ist mir klar«, sagte Mr. Nemo. »Die Elementarmethode der Ortsbestimmung. Aber ich weiß nicht, wie Sie in dieser ganzen Stadt ausgerechnet auf mein Haus stießen.«
Mr. Layton lachte leise. »Sobald wir das Ziel festgestellt hatten«, sagte er, »setzten wir uns ins Flugzeug. Einer der Beamten rief den hiesigen Polizeichef an und bat ihn, einen Mann ausfindig zu machen, der wahrscheinlich Ausländer und sich Ander oder Anders nenne, der erst kürzlich zugezogen sein müsse und Brieftaubenzüchter sei. Bis wir hier landeten, hatte die Polizei Namen und Anschrift für uns ermittelt. Philip Andres, Mechanische Werkstätte.«
»Das war ich«, sagte Mr. Nemo.
»Wir fuhren direkt zu Ihrem Haus«, sagte Mr. Layton, »und kamen gerade zurecht, um Nick und Betty an der Tür zu treffen.«
»Und gerade zurecht, um mich vor dem Erwürgtwerden durch Edo zu retten«, sagte Mr. Nemo. »Aber ich kann noch immer nicht begreifen, wie Ihre Kinder Ihnen eine Mitteilung machen konnten. Ich habe die Briefe selbst gelesen. Es waren ganz harmlose, kindliche Briefe.«
»Sie sollten sie nochmals lesen«, sagte Mr. Layton. »Meine Kinder haben Köpfchen, das kann ich mit Stolz sagen.« Er blinzelte Nick und Betty zu. »Jedenfalls werden Sie einige Jahre Zeit haben, die Nachrichten zu entschlüsseln. Ich werde Ihnen Kopien der Briefe verschaffen, wenn Ihr neuer Aufenthaltsort feststeht. Ich will Ih-

nen nur einen Hinweis geben: Meine Tochter ist gegen Pferde allergisch. Als sie vom Kauf eines Pferdes schrieb, begriff ich natürlich, daß sie damit sagen wollte, ich solle mich nicht um den Wortlaut kümmern, sondern eine versteckte Botschaft suchen, die sie mir zu übermitteln versuchte.«

Mr. Nemo stand auf. »Danke«, sagte er. »Ich werde ja nun Gelegenheit haben, Ihre Sprache gründlicher zu studieren.«

»Ich weiß ein neues Rätsel für Sie, ehe Sie gehen, Mister Nemo«, sagte Betty. »Was hat zwei Köpfe, vier Augen und vier Beine und kann weder sehen noch gehen?«

Mr. Nemo sah sie betrübt an. »Ich kann die Antwort erraten«, sagte er. »Edo und ich in einem dunklen Keller, von klugen Zwillingen aneinandergefesselt.«

Er stieß einen tiefen Seufzer aus und durchschritt die Tür, die der Wachmann für ihn aufhielt.

»Armer Kerl«, sagte Mr. Layton. »Leider wird er euch nun für elende Verrätsler halten, weil ihr seine Brieftauben zu Locktauben für die Kripo gemacht habt.«

Nick und Betty entschlüpfte ein verblüffter Ausruf. Aber sie konnten es nicht ändern: Nick war Spezialist für Denksportaufgaben und Betty für Rätsel, aber nicht zu schlagen war ihr Vater bei Wortspielen.

Alfred Hitchcock meint: *Es kommt mir so vor, als überließen Nick, Betty und ihr Vater mir die Aufgabe, die in den Briefen der Zwillinge versteckten Botschaften zu entschlüsseln. Natürlich werden die meisten unter euch sie bereits ausgetüftelt haben und diesen Abschnitt überspringen können, aber ich will meiner Pflicht nicht aus dem Wege gehen. Für alle, die nicht von Anfang an bei der Sache waren, werde ich das Ganze erklären. Doch blättert erst zurück und lest die von Nick und Betty geschriebenen Briefe nochmals durch, um euer Gedächtnis aufzufrischen. Inzwischen wäre noch zu melden, daß die übrigen Mitglieder von Mr. Nemos*

kleiner Organisation rechtzeitig gefaßt wurden und gut aufgehoben sind.
Nun zu den Geheimbotschaften. Wie Mr. Layton eigens erwähnte, ist Betty gegen Pferde allergisch. Wenn sie also vom Kauf eines Pferdes spricht und dies mit einer Person in Verbindung bringt, die »unglaublich schwerhörig«, also praktisch eine Taube ist, so liegt es auf der Hand, daß sie etwas ganz anderes meint. Wenn nun wie hier Brieftauben im Spiel sind, wird man mit ein wenig Nachdenken daraufkommen, daß der Gleichklang bei dem Vogel und der Schwerhörigen mit Absicht benutzt wird, Betty also von den Tauben redet.
Eine Taube streckt aber nicht alle viere von sich, und um die Tauben geht es doch… Was meint Betty eigentlich? Da ist noch der Name des Ponys, »Anemone« – viel zu ungebräuchlich, so daß er jedermann außer einem Ausländer wie Mr. Nemo auffallen müßte. Offensichtlich weiß Mr. Nemo auch nicht, daß »Anemone« das Buschwindröschen ist. »Alle viere« und ein Windröschen – alle vier Winde – oder die Richtungen der Windrose… Mr. Layton merkt, daß Betty einen Zusammenhang zwischen den Tauben und den vier Himmelsrichtungen herzustellen sucht. Nach kurzem Überlegen begreift er ihren Einfall, die Tauben aus vier verschiedenen Richtungen, das heißt aus genügend großer Entfernung voneinander starten zu lassen und »danach zu sehen«, in welche Richtung sie heimwärts fliegen. Und das tat er auch. Betty verwendete außerdem zweimal das Wort »anders« oder »anderes« in einem etwas zu gesuchten Zusammenhang. Also mußte es irgend etwas bedeuten. Als Mr. Layton dann in Nicks Brief auf die dritte und vierte Wiederholung des Wortes »anders« und den Ausdruck »Mr. Nemo ist gar nicht so« (nämlich »anders«!) stieß, wußte er, daß dies kein Zufall war. Er folgerte daraus, daß die Zwillinge ihm sagen wollten, unter welchem Namen ihr Entführer auftrat. Und da Mr. Nemos Brief offenbar von einem Ausländer stammte, konnte Mr. Layton, sobald er das Ziel der Tauben kannte, in die betreffende Stadt telefonieren lassen und die Polizei auf die Spur eines Ausländers setzen, der Brieftauben züchtete und Ander, Anders oder ähnlich hieß.

Um noch einen weiteren Hinweis zu geben, lenkte Nick die Aufmerksamkeit seines Vaters noch auf den Satz: »Jessika Russo will es übrigens auch kaufen.« In den beiden ersten Worten, rasch hintereinander gesprochen, verbirgt sich der Name »Ikarus«. Und Ikarus war bekanntlich der fliegende Mensch der griechischen Sage. Wer heute fliegen will – darin werdet ihr mir zustimmen –, setzt sich in ein Flugzeug. Aus Nicks weiteren Worten »also beeil Dich« und »wenn Du seinen Weisungen folgst, werden wir nicht lange auf Dich warten müssen« ging eindeutig hervor, daß er seinem Vater empfahl, das Flugzeug zu nehmen, den »Weisungen« der zum Schlag fliegenden Tauben zu folgen und seine Kinder damit zu retten. Natürlich hätte Mr. Layton das geeignetste Verkehrsmittel auch selbst herausfinden können, aber Nick wollte es darauf lieber nicht ankommen lassen.

Ich bin überzeugt, daß die vorstehende Erklärung euch nun alles begreiflich machen wird. Wenn ihr irgendwelche Fragen habt, so lest die Geschichte nochmals, und ich zweifle nicht, daß alles kristallklar erscheinen wird. Nick oder Betty zu fragen hätte keinen Zweck. Nick experimentiert mit einem Drei-Schlingen-Lasso, und Betty stellt eine Sammlung noch unbekannter Rätsel zusammen. Ich glaube jedoch nicht, daß sie Anklang finden wird – manche haben drei mögliche Lösungen.

Ein eckiges Problem (Seite 96)

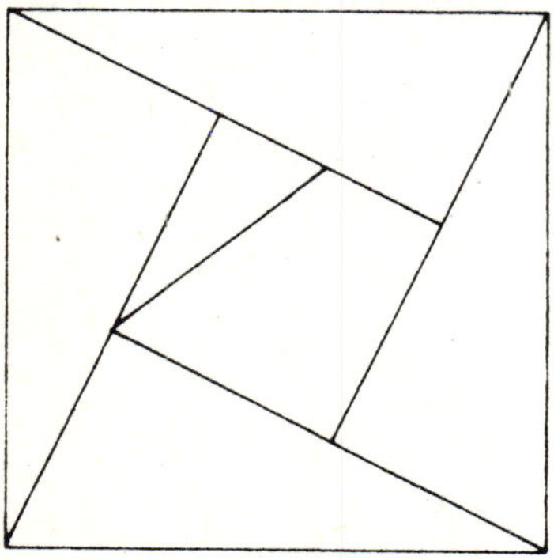

Vorsicht, Taschendiebe! (Seite 97)

P.S. Die Aufnahmen des Hobby-Photographen waren natürlich nicht als Beweismittel verwendbar, da sie die Taschendiebe nicht beim Stehlen zeigten. Aber die Polizei behielt die vier Tatverdächtigen im Auge und erwischte sie kurz darauf auf frischer Tat!

Der Pharaonenschatz (Seite 100)

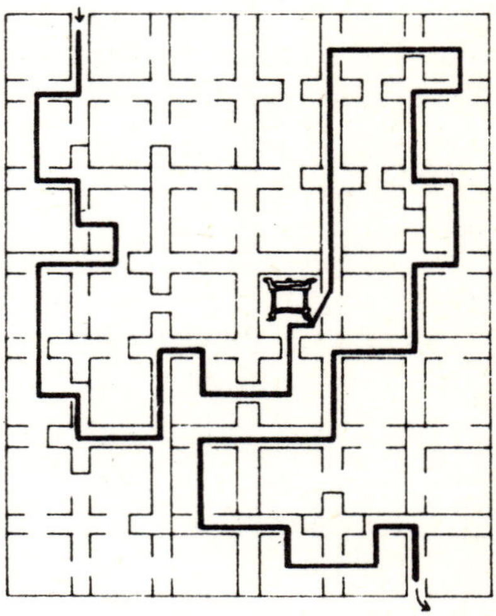

Der Schatz wird gehoben (Seite 101)
NIL, KAIRO, THEBEN, GOLD
DREI KINOKARTEN BALKONLOGE

Tip zum Selbermachen: Wähle einen beliebigen Begriff, der von dir verschlüsselt und von deinen Freunden ausgeknobelt werden soll, z. B. SOMMERFERIEN. Sieh dir die einzelnen Buchstaben an und suche drei oder vier Wörter, die jeweils einige Buchstaben des Lösungswortes enthalten und einen gewissen Bezug zu diesem Wort haben. In unserem Beispiel könnten dies sein: 1. SONNE. Darin sind schon vier Buchstaben des gesuchten Wortes SOMMERFERIEN enthalten. Es bleiben noch übrig: M, R, F, I. Nehmen wir als nächstes Hilfswort SCHIRM; das enthält I, R und M. Das noch unterzubringende F findet sich in FREI. Nun laß dir Umschreibungen für das Lösungswort und die Ratewörter einfallen, zum Beispiel: Gesucht wird »die schönste Zeit des Schuljahres«. 1. Darum dreht sich die Erde; 2. Schützt gegen Regen; 3. Gegenteil von gefangen. Nun stellst du die zu erratenden Wörter und das lange Lösungswort in einem Schema dar wie beim »Pharaonenschatz«. Erst die Rätselfragen:

1. Darum dreht sich die Erde

   — — — — —

   1 2 3 4 5

   (Alle Buchstaben fortlaufend numeriert, also S = 1, O = 2, N = 3, N = 4, E = 5)

2. Schützt gegen Regen

   — — — — — —

   6 7 8 9 10 11

   (S = 6, C = 7, H = 8, I = 9, R = 10, M = 11)

3. Gegenteil von gefangen

   — — — —

   12 13 14 15

   (F = 12, R = 13, E = 14, I = 15)

Nun zum Lösungswort; dazu machst du dir ein Schema mit der erforderlichen Anzahl Kästchen:

S	O	M	M	E	R	F	E	R	I	E	N

In die obere Kästchenreihe trägst du nun eine Ziffer für jeden Buchstaben ein. Diese Ziffern entnimmst du den Antworten auf die Fragen 1–3. Für E, das ja im Lösungswort dreimal vorkommt, kannst du zur Abwechslung einmal 5 setzen, dann 14 und beim dritten Mal wieder 5. Das macht die Sache spannender. Auch bei den beiden R von SOMMERFERIEN kannst du zwei verschiedene Ziffern benutzen: 10 und 13. Nun sieht das Kästchenschema so aus:

6	2	11	11	5	10	12	14	13	9	5	4

und du kannst dein Rätsel den Freunden vorlegen.

Langfinger am Werk (Seite 104)

Peter: Eismann lungert beim Buero rum.

Justus: OKOO AQLE HERRA RBEJ OBQT RAPM ARAP OBQQ ALEQ

Bob: Eismann im Buero, aber Chef da.

Peter: Eismann wieder mal da. Hab keine Lust mehr.

Justus: Treffen beim Buero um sieben, wenn Chef essen geht.

P.S. Kurz nach sieben ertappten die drei ??? den Eisverkäufer, als er gerade im Büro einen Griff in die Kasse tun wollte.

Alphabet im Quadrat (Seite 106)

Das erste entschlüsselte Wort heißt im Klartext JUSTUS.
Bobs Mitteilung an Peter lautet: ICH BIN PLEITE. LEIHST DU MIR DREI MARK?
Die Lösungen der Rätsel und Scherzfragen sind:

1. Der Name
2. Blutorangen
3. Der Sarg
4. Das Feuer
5. Bananenschale im Aufzug